RÉALISER DES PÂTES MAISON PARFAITES

100 PÂTES RAPIDES ET FACILES
RECETTES

MICHELINE GIRARD

Tous les droits sont réservés.

Avertissement

Les informations contenues dans cet eBook sont destinées à servir de collection complète de stratégies sur lesquelles l'auteur de cet eBook a effectué des recherches. Les résumés, stratégies, trucs et astuces ne sont que des recommandations de l'auteur, et la lecture de cet eBook ne garantit pas que ses résultats refléteront exactement les résultats de l'auteur. L'auteur de l'eBook a fait tous les efforts raisonnables pour fournir des informations actuelles et précises aux lecteurs de l'eBook. L'auteur et ses associés ne sauraient être tenus responsables des erreurs ou omissions involontaires qui pourraient être constatées. Le contenu de l'eBook peut inclure des informations provenant de tiers. Les documents de tiers comprennent les opinions exprimées par leurs propriétaires. En tant que tel, l'auteur de l'eBook n'assume aucune responsabilité pour tout matériel ou opinion de tiers.

L'eBook est protégé par copyright © 2021 avec tous droits réservés. Il est illégal de redistribuer, copier ou créer des travaux dérivés à partir de cet eBook en tout ou en partie. Aucune partie de ce rapport ne peut être reproduite ou retransmise sous quelque forme que ce soit sans l'autorisation écrite expresse et signée de l'auteur.

TABLE DES MATIÈRES

TABLE DES MATIÈRES...............................4
INTRODUCTION......................................8
PÂTE À PÂTES AROMATISÉE......................10
   1. Pâte au citron maison 11
   2. Pâte De Pâte De Tomate 14
   3. Pâte de blé complet........................... 17
   4. Pâte aux épinards 20
   5. Pâtes sans gluten 23
   6. Pâte à la coriandre 26
   7. Pâte à pâtes pour robot culinaire............ 29
   8. Pâte aux herbes 33
   9. Pâte aux champignons et à l'ail 37
   10. Pâte brisée 40
   11. Pâtes de semoule de base 43
   12. Pâtes à la Farine d'Amande................. 47
   13. Pâtes maison végétaliennes Chia 52
   14. Pâtes maison au safran 57

GARNITURE DE PÂTES............................60
   15. Garniture aux épinards et à la ricotta 61
   16. Beurre noisette à la sauge.................. 64
   17. Garniture à la courge musquée rôtie 66
   18. Garniture Crevette Scampi.................. 68
   19. Pesto au basilic classique 72

SOUPE DE PÂTES..................................75
   20. Soupe de coquillages au romarin.......... 76
   21. Soupe de pâtes Bell.......................... 79

22. Soupe aux tomates séchées fumées 82
23. Soupe aigre-piquante chinoise 86

CASSEROLES & PÂTES AU FOUR 89

24. Cuisson de pâtes Crimini 90
25. Casserole Romano Rigatoni 93
26. Pâtes à la crème de poulet au fromage 96
27. Spaghetti chaud ensoleillé 100
28. Poêlée de bœuf en sauce 102
29. Puttanesca 105
30. Casserole de boeuf haché 108
31. Rôti de légumes d'automne 111

PÂTES CLASSIQUES 115

32. Penne 116
33. Orzo au parmesan 119
34. Pâtes rustiques 122
35. Alfredo classique 125
36. Parmigiana italienne 129
37. Pâtes au thon 132
38. Poulet de Milan 136
39. Lasagne Classique 140
40. Pâtes amusantes romaines 143
41. Tortellini Classique 146
42. Lasagne au pepperoni 149
43. Lasagne Espagnole 152

SALADES DE PÂTES 155

44. Salade Vegan Rigatoni Basilic 156
45. Salade de feta et d'orzo à la menthe 159
46. Salade de rotini au pepperoni et au fromage 162
47. Salade de pâtes au poulet et aux noix 164
48. Salade de pâtes fraîches au citron 167
49. Salade de tortellinis en pot 170

50.	Salade de pâtes aux linguines romano	173
51.	Salade de fusilli sauce au cheddar	176
52.	Salade de pâtes Penn crémeuse	179
53.	Filets de poulet et salade de farfalle	182
54.	Salade de pâtes aux linguines romano	185
55.	Salade de fusillis au cheddar	188
56.	Salade de pâtes Penn crémeuse	191
57.	Salade de feta et dinde rôtie	194
58.	Thon aux noix et salade de pâtes	197
59.	Salade de rotini Kalamata	200
60.	Salade de pâtes au gorgonzola	204
61.	Salade de pâtes au gorgonzola et aux noix	207

NOUILLES DE PÂTES 210

62.	Nouilles dessert italiennes	211
63.	Nouilles Aux Oeufs Hongrois	214
64.	Nouilles pennsylvaniennes	217
65.	Soupe aux nouilles vikings	219
66.	Nouilles aux œufs en Allemagne	222
67.	Nouilles italiennes aux croûtons	225
68.	Pâtisserie de nouilles mexicaines	227
69.	Nouilles Feta au beurre	230
70.	Sauté indonésien	232
71.	Pizzas Ramen Américaines	236
72.	Deli Ramen	239
73.	Tilapia thaï doux	241
74.	Ramen au piment rouge et canard	244
75.	Nouilles de Tokyo complexes	247
76.	Dîner Saté au Boeuf	251
77.	Ramen frit et oeufs	255
78.	Nouilles aux œufs à la thaïlandaise	258

PÂTES GNOCCHIS 262

79.	Gnocchi Pennsylvanien Backroad	263

- 80. Gnocchis à la sauge et au mascarpone 267
- 81. Gnocchi japonais de Yuki 271
- 82. Gnocchis au fromage cuits au four 274
- 83. Gnocchis de panais Garbanzo 278
- 84. Gnocchi alla giordano 281
- 85. Gnocchis de semoule 284
- 86. Pointes de flèches de gnocchis de maïs bleus 288
- 87. Gnocchis à la sauce tomate cerise 293
- 88. Gnocchi aux tomates fraîches et olives 296
- 89. Gnocchis au pesto d'herbes 299
- 90. Gnocchis au ragoût de champignons et herbes 302
- 91. Gnocchis à la sauce, beurre et parmesan 306
- 92. Gnocchis verts à la caduta di formaggio 311

SPAGHETTI 314

- 93. Spaghettis à la courge 315
- 94. Spaghetti Caprese 318
- 95. Spaghetti à la mijoteuse 321
- 96. Spaghettis à la carbonara 324
- 97. Spaghettis Chinois 327
- 98. Poêlée de saucisses de pâtes 331
- 99. Spaghettis à l'ail de Gilroy 334
- 100. Poêle à spaghetti rapide 337

CONCLUSION 340

INTRODUCTION

Les ingrédients qui sont utilisés pour faire les pâtes fraîches sont la farine et les œufs et éventuellement le sel. Cela conduit à l'un des aspects les plus déroutants de la fabrication de pâtes maison. Avec seulement deux ingrédients principaux, vous seriez pardonné de vous demander de quoi il s'agit. Comment cela peut-il être difficile ? Eh bien, bien sûr, cela ne doit pas être difficile.

Il existe des recettes simples qui, si elles sont suivies attentivement avec la bonne quantité de liquide et le bon type de farine, produiront d'excellents résultats à chaque fois. C'est juste qu'il y a tellement de façons de varier les recettes pour produire des résultats souhaitables qu'il vaut la peine de considérer les variables en jeu.

Aujourd'hui, la farine italienne classique utilisée pour les pâtes de tous les jours est connue en Italie et dans certains autres pays sous le nom de farine "00". Les Italiens utilisent une échelle de 00 à 04 pour indiquer la couleur des farines. La couleur dépend de la quantité de son et de germe « extraite » de la farine. Le son et le germe sont ce qui donne sa couleur à la farine. Le '00' a donc été débarrassé de tout son et germe et est donc une farine très blanche et lisse qui produit bien sûr des pâtes soyeuses et idéales pour de nombreuses utilisations.

En dehors de ces cas particuliers, le gluten est un élément clé du processus de fabrication des pâtes. Lorsqu'il est mélangé avec le liquide et laissé reposer pendant un certain temps, le gluten forme des liaisons au niveau chimique. Cela rend la pâte élastique et élastique. Il maintient la pâte ensemble et l'empêche de s'effriter ou de se désagréger. Le gluten est le même ingrédient qui donne à la pâte à pain ses propriétés.

PÂTE À PÂTES AROMATISÉE

1. Pâte au citron maison

Ingrédients:

- $2\frac{1}{4}$ tasse de farine tout usage
- $\frac{3}{4}$ cuillères à café de sel
- 3 œufs (en utilisant 2 œufs entiers + 1 jaune d'œuf)
- 2 cuillères à soupe de jus de citron
- 3 cuillères à soupe de zeste de citron finement râpé
- 1 cuillères à soupe d'huile d'olive

Les directions:

a) Déposer la farine sur une grande surface farinée. Faire un puits au centre. Casser les œufs dans le puits. Ajouter le sel, l'huile et l'eau. Battre le mélange dans le puits avec une fourchette.

b) À l'aide d'une fourchette, commencez doucement à travailler la farine dans le liquide. Continuer jusqu'à ce que la pâte devienne collante et difficile à travailler à la fourchette. Utilisez vos mains pour former la pâte grossière en boule.

c) Transférer la pâte sur une surface légèrement farinée. Pétrir la pâte jusqu'à ce qu'elle soit lisse et élastique, environ 10 minutes. Envelopper la boule de pâte dans un morceau de film plastique et laisser reposer 10 à 15 minutes.

d) Continuer à rouler et couper les pâtes.

2. Pâte De Pâte De Tomate

Ingrédients:

- 2 ¼ tasses de farine tout usage
- 2 œufs ¾ cuillères à thé Sel
- 1 cuillères à soupe d'huile d'olive
- 1 cuillères à soupe d'eau
- 1/3 tasse de pâte de tomate

Les directions:

a) Déposer la farine sur une grande surface farinée. Faire un puits au centre. Casser les œufs dans le puits. Ajouter le sel, l'huile et l'eau. Battre le mélange dans le puits avec une fourchette. À l'aide d'une fourchette, commencez doucement à travailler la farine dans le liquide.

b) Continuer jusqu'à ce que la pâte devienne collante et difficile à travailler à la fourchette. Utilisez vos mains pour former la pâte grossière en boule. Transférer la pâte sur une surface légèrement farinée.

c) Pétrir la pâte jusqu'à ce qu'elle soit lisse et élastique, environ 10 minutes. Envelopper la boule de pâte dans un morceau de film plastique et laisser reposer 10 à 15 minutes.

d) Continuer à rouler et couper les pâtes.

3. Pâte de blé complet

(donne 1 12/lb)

Ingrédients:

- 1 ½ tasse de farine tout usage
- 4 œufs
- 1 ½ tasse de farine de blé entier
- 1 cuillères à soupe d'huile d'olive
- 3 cuillères à soupe d'eau ½ cuillères à café de sel

Les directions:

a) Déposer la farine sur une grande surface farinée. Faire un puits au centre. Casser les œufs dans le puits. Ajouter le sel, l'huile et l'eau. Battre le mélange dans le puits avec une fourchette. À l'aide d'une fourchette, commencez doucement à travailler la farine dans le liquide. Continuer jusqu'à ce que la pâte devienne collante et difficile à travailler à la fourchette. Utilisez vos mains pour former la pâte grossière en boule.

b) Transférer la pâte sur une surface légèrement farinée. Pétrir la pâte jusqu'à ce qu'elle soit lisse et élastique, environ 10 minutes. Envelopper la boule de pâte dans un morceau de film plastique et laisser reposer 10 à 15 minutes.

c) Continuer à rouler et couper les pâtes.

4. Pâte aux épinards

Ingrédients:

- 2 ¼ tasses de farine tout usage
- 2 oeufs
- ¾ cuillères à café de sel
- 1 cuillères à café d'huile d'olive
- 1 botte de pousses d'épinards, lavées

Les directions:

a) Coupez les tiges des épinards et placez-les dans 3 litres d'eau bouillante. Plonger les épinards dans l'eau bouillante et les blanchir 2 minutes. Retirer de l'eau bouillante à l'aide d'une écumoire et placer immédiatement dans un bol d'eau froide et de glace.

b) Lorsque les épinards ont refroidi, retirez-les de l'eau et placez-les sur du papier absorbant. Tapotez avec une serviette en papier supplémentaire, en enlevant autant d'eau que possible. Placer dans un robot culinaire et réduire en purée jusqu'à ce qu'il devienne une pâte très fine.

c) Au mélangeur, ajouter la farine, le sel, les œufs, les épinards et l'huile d'olive. Bien mélanger jusqu'à ce que la pâte se forme. Si trop collant ajouter un peu de farine et continuer à mélanger. Pétrir sur une planche légèrement farinée et envelopper dans une pellicule plastique pour laisser reposer 10 à 15 minutes. Coupez comme vous le souhaitez.

5. Pâtes sans gluten

Ingrédients:

- 2/3 tasse de farine de maïs
- ½ tasse de farine de quinoa
- ½ tasse de fécule de pomme de terre
- 2 cuillères à café de gomme xanthane
- 1 cuillères à café de gomme de guar
- 1 cuillères à café de sel de mer fin
- 2 gros œufs
- 4 jaunes d'œufs de gros œufs

Les directions:

a) Tamiser la farine de maïs, la farine de quinoa et la fécule de pomme de terre dans un grand bol. Ajouter la gomme de xanthane, la gomme de guar et le sel. Incorporer l'ensemble du mélange dans le bol du batteur sur socle.

b) Mettre les œufs et les jaunes d'œufs dans le bol d'ingrédients secs.

c) Faites fonctionner le batteur sur socle à vitesse moyenne avec une pagaie jusqu'à ce que la pâte soit complètement formée, environ 3 minutes. La pâte finale doit être ferme mais toujours souple.

d) Couper la pâte en 4 sections. Et déroulez chaque morceau à environ $\frac{1}{2}$ pouce d'épaisseur. Farinez légèrement les deux côtés de la pâte avec un peu de fécule de pomme de terre. Passer à la machine à pâtes.

e) Lorsque vous cuisinez des pâtes sans gluten, ajoutez les nouilles à l'eau bouillante et lorsqu'elle monte à la surface, goûtez-en un morceau. Un moment, c'est al dente et le suivant c'est une grosse boule de bouillie, alors surveillez attentivement le pot. Habituellement environ 4-5 minutes

f) Vous pouvez remplacer la farine de tapioca ou l'amidon de maïs par de l'amidon de pomme de terre

6. Pâte à la coriandre

Rendement : 1 portions

Ingrédients:

- 1 tasse de farine
- ¼ tasse de coriandre hachée grossièrement
- ¼ cuillère à café de sel
- 1 Oeuf, battu
- 4 cuillères à café d'eau
- 1 cuillère à café d'huile d'olive
- 2 cuillères à soupe de farine

Les directions:

a) Mélanger la farine, la coriandre et le sel dans un bol. Faire un puits au centre. mélanger l'eau, l'œuf et l'huile d'olive. Ajouter au mélange de farine et bien mélanger.

b) Saupoudrer une surface plane avec 2 cuillères à soupe de farine.

c) Retourner la pâte sur la surface. Pétrir jusqu'à ce que la pâte soit lisse et élastique, environ 10 minutes. Couvrir et laisser reposer 10 minutes.

d) Diviser la pâte en deux; façonner chaque moitié en boule.

7. Pâte à pâtes pour robot culinaire

Rendement : 1 portions

Ingrédients:

- 2 tasses de farine tout usage
- 2 gros œufs ; battu légèrement
- 1 cuillère à soupe d'huile d'olive

Les directions:

a) Dans un robot culinaire, mélanger la farine, les œufs, l'huile et 1½ cuillère à soupe d'eau jusqu'à ce que le mélange commence à former une boule, en ajoutant plus d'eau goutte à goutte si la pâte est trop sèche. (La pâte doit être ferme et non collante.)

b) Mélanger la pâte pendant 15 secondes de plus pour la pétrir. La pâte peut être préparée jusqu'à ce point et conservée couverte et réfrigérée jusqu'à 4 heures. Laisser reposer la pâte, recouverte d'un bol renversé, à température ambiante pendant 1 heure.

c) Pour rouler la pâte à pâtes : Réglez les rouleaux lisses d'une machine à pâtes au chiffre le plus élevé. (Les rouleaux seront écartés.)

d) Divisez chaque livre de pâte en 6 morceaux, aplatissez 1 morceau en un rectangle rugueux et couvrez les morceaux restants avec un bol renversé.

e) Saupoudrez le rectangle de farine et passez-le dans les rouleaux. Pliez le rectangle en deux et passez-le dans les rouleaux 8 ou 9 fois de plus, en le pliant en deux à chaque fois et en le saupoudrant de farine si nécessaire pour éviter qu'il ne colle.

f) Baissez le cadran d'un cran et faites passer la pâte à travers les rouleaux sans la plier.

g) Continuez à faire passer la pâte à travers les rouleaux sans plier, en tournant le cadran d'un cran vers le bas à chaque fois, jusqu'à ce que le cran le plus bas ou le deuxième plus bas soit atteint.

h) La pâte à pâtes doit être une longue feuille lisse d'environ 4 ou 5 pouces de large et d'environ 1/16 de pouce d'épaisseur. Rouler le reste de pâte à tarte de la même manière.

8. Pâte aux herbes

Rendement : 1 portions

Ingrédients:

- 2 tasses de farine tout usage
- 1 cuillère à café de sel
- 2 gros œufs, légèrement battus
- 1 cuillère à soupe d'huile d'olive
- ¼ tasse d'eau plus 3 cuillères à café d'eau
- 1 grosses feuilles de persil italien, lavées et séchées
- Aneth, estragon ou coriandre, lavés et séchés

Les directions:

a) Dans un robot culinaire, mélanger la farine, le sel, les œufs, l'huile et ¼ tasse d'eau; mélanger jusqu'à ce que la pâte commence à former une boule. Ajouter plus d'eau, seulement si nécessaire, 1 cuillère à café à la fois. Traiter 30 secondes de plus pour pétrir. Retirer la pâte du robot et laisser reposer, recouverte d'un bol renversé, à température ambiante pendant 1 heure.

b) Diviser la pâte en 4 morceaux. Réglez les rouleaux de la machine à pâtes au réglage le plus large.

c) Aplatir 1 morceau de pâte en un rectangle (couvrir les autres morceaux avec le bol renversé). Saupoudrer légèrement le rectangle de farine et passer à travers les rouleaux. Pliez le rectangle en deux et alimentez les rouleaux 6 à 8 fois de plus, en le pliant en deux à chaque fois et en le saupoudrant légèrement de farine pour l'empêcher de coller à la machine. Baissez le cadran d'un cran et amenez la pâte au dernier réglage.

d) Couper des feuilles de pâte en longueurs égales. Couvrir la surface d'une feuille avec des feuilles d'herbes fraîches (tiges enlevées). Recouvrez d'une deuxième feuille de pâte. À l'aide d'un rouleau à pâtisserie légèrement fariné, abaisser les feuilles de pâte pour les sceller. A l'aide d'une roulette ou d'un couteau, découper la pâte en gros morceaux et saupoudrer très légèrement de farine.

9. Pâte aux champignons et à l'ail

Rendement : 1 portions

Ingrédients:

- 1 oeuf
- 1 cuillère à soupe d'huile
- $\frac{1}{4}$ tasse d'eau
- $\frac{1}{2}$ cuillère à café de sel
- $14\frac{1}{2}$ cuillère à café de poivre noir
- 1 cuillère à soupe d'ail haché
- 5 champignons de taille moyenne
- 2 tasses de farine

Les directions:

a) Mettre la farine dans le bac de mélange de la machine à pâtes. Réduire en purée les 7 premiers ingrédients. Ajouter à la farine dans le bac à mélanger.

b) Bien mélanger.

c) Si la pâte est trop collante, ajoutez plus de farine, un peu à la fois; si la pâte est trop sèche, ajouter plus d'eau, un peu à la fois, jusqu'à ce que la pâte ait la bonne consistance pour être extrudée.

10.   Pâte brisée

Rendement : 1 portions

Ingrédients:

- 2 tasses de farine tout usage non blanchie
- $\frac{1}{2}$ tasse) de sucre
- $\frac{1}{4}$ cuillère à café de sel
- $\frac{7}{8}$ tasse de beurre non salé; (1 3/4 Sticks) à température ambiante
- 1 Oeuf entier
- 1 jaune d'oeuf
- $\frac{3}{4}$ cuillère à café d'extrait de vanille
- $\frac{1}{2}$ cuillère à café d'extrait de citron
- Farine supplémentaire pour le travail Surface et Mains

Les directions:

a) Dans un grand saladier, mélanger la farine, le sucre, le sel et le beurre. À l'aide d'un batteur à main réglé à basse vitesse, battre jusqu'à ce que le mélange soit friable et forme des boules de la taille d'un pois.

b) Dans un autre bol, mélanger l'œuf entier, le jaune d'œuf et les extraits de vanille et de citron et battre légèrement avec une fourchette. Ajouter l'oeuf légèrement battu avec une fourchette. Ajouter le mélange d'œufs au mélange de farine et battre à basse vitesse jusqu'à ce qu'une masse rugueuse et hirsute se forme.

c) Dégazer la pâte sur un plan de travail légèrement fariné. Saupoudrez vos mains de farine et pétrissez la pâte jusqu'à ce qu'elle soit lisse et que tous les ingrédients soient bien incorporés, environ 1 minute.

d) Envelopper et réfrigérer pendant au moins 1 heure avant utilisation, ou conserver jusqu'à 4 jours.

e) Si elle est réfrigérée pendant plus d'une heure, la pâte sera assez dure. Laissez-le légèrement tiédir avant de commencer à travailler. Vous pouvez appuyer dessus plusieurs fois avec un rouleau à pâtisserie pour le rendre plus malléable. Ne le manipulez pas trop ou il va cuire dur. (Donne environ $1\frac{1}{4}$ livres de pâte)

11. Pâtes de semoule de base

4 portions

Ingrédients:

- 400 grammes de farine de semoule (14,1 oz) et plus pour rouler la pâte
- 4 gros œufs légèrement battus, de préférence bio et plein air
- 1/2 cuillère à café de sel de mer fin

Les directions:

a) Mettez la farine sur un comptoir de cuisine bien nettoyé et façonnez-la en forme de nid.

b) Dans le puits au centre de la farine, ajouter les œufs légèrement battus et le sel.

c) Commencez à mélanger le mélange avec une fourchette, en ajoutant lentement la farine des bords extérieurs du nid au centre jusqu'à ce que tout soit bien incorporé.

d) Une fois le mélange farine-œuf complètement incorporé, recouvrez le comptoir et vos mains d'une pincée de farine. Pétrir la pâte pendant environ 15 minutes jusqu'à ce qu'elle ait à peu près la consistance d'une pâte à modeler.

e) Former une boule avec la pâte, l'envelopper d'un film plastique et laisser reposer environ 30 minutes au réfrigérateur.

f) Après refroidissement, déposez la pâte sur une surface propre saupoudrée de farine de semoule (encore une fois, pour éviter qu'elle ne colle) et divisez-la en deux morceaux égaux.

g) Saupoudrez plus de farine sur votre comptoir et sur un rouleau à pâtisserie. Aplatir la boule de pâte avec le rouleau à pâtisserie (ou avec une machine à pâtes si vous en avez une à disposition).

h) Rouler la pâte avec l'appareil à épingles elle devient translucide. Ajoutez de la poussière sur le comptoir, vos mains et l'épingle au besoin. Il s'agit d'un processus assez long nécessitant jusqu'à 20 minutes.

i) Réserver et faire de même avec l'autre moitié. Laisser ensuite reposer la pâte encore 10 minutes.

j) Couper les pâtes en fines lanières ou en formes adaptées aux raviolis ou autres types de nouilles.

k) Saupoudrez les nouilles finies de farine et suspendez-les à moitié sèches. Une fois qu'ils sont partiellement secs, vous pouvez les congeler ou les conserver jusqu'à quatre jours au réfrigérateur.

12. Pâtes à la Farine d'Amande

rendement : 4 PORTIONS

Ingrédients:

- 2 tasses (240 g) de farine d'amande blanchie extra-fine

- ½ tasse + 2 cuillères à soupe (82 g) de farine/amidon de tapioca, et plus pour rouler

- ¼ tasse (44 g) de farine de riz sucré

- 1 cuillère à café de gomme xanthane

- ¼ cuillère à café de sel casher

- 4 gros œufs

- 2 cuillères à café d'huile d'olive extra vierge

Les directions:

a) Dans un grand bol ou le bol d'un batteur sur socle ou un grand bol à mélanger, fouetter ensemble la farine d'amande, la farine de tapioca, la farine de riz sucré, la gomme de xanthane et le sel.

b) Faire un puits au milieu de la farine et casser les œufs au milieu. Ajouter l'huile d'olive.

c) Utilisez le crochet pétrisseur du batteur sur socle pour mélanger délicatement les œufs avec la farine à basse vitesse, ou, si vous le faites à la main, utilisez une fourchette pour fouetter légèrement les œufs ensemble au milieu du puits, puis commencez à mélanger le tout. avec la farine.

d) Une fois bien mélangé, utilisez le crochet pétrisseur ou vos mains pour pétrir jusqu'à ce qu'il forme une pâte. En utilisant vos mains, ce sera assez collant, alors enduisez-les de fécule de tapioca pour les pétrir. Cette pâte est plus douce que les pâtes traditionnelles au toucher.

e) Roulez la pâte en boule, saupoudrez-la de fécule de tapioca et aplatissez-la légèrement en un disque. Couper en 6 morceaux et envelopper la pâte dans du plastique.

f) Porter 3 litres d'eau à ébullition dans une grande casserole avec une cuillère à café de sel.

g) Un morceau à la fois, pressez la pâte sur une surface farinée de tapioca jusqu'à ce qu'elle soit aussi fine que possible avec vos mains, en réservant les autres morceaux dans une pellicule plastique sous une serviette.

h) À l'aide d'un rouleau à pâtes ou d'un rouleau à pâtisserie, abaisser chaque morceau en une fine feuille, en saupoudrant légèrement les deux côtés de farine de tapioca à chaque passage dans les rouleaux.

i) Si vous utilisez l'accessoire rouleau à pâtes Kitchen-aid, faites passer la pâte par le réglage 1, pliez-la en deux, puis renvoyez-la. Répétez jusqu'à ce qu'il soit lisse, puis réduisez l'épaisseur d'un arrêt et roulez à une épaisseur de 2 ou 3. Saupoudrer chaque côté de farine de tapioca avant de couper. Si vous roulez à la main, recouvrez fortement votre surface de fécule de tapioca et roulez-la jusqu'à ce qu'elle soit très fine.

j) À la main ou à l'aide du coupe-fettucine, coupez chaque feuille en nouilles. Pour le faire à la main, saupoudrez les deux côtés de farine de tapioca, repliez-le légèrement sur lui-même et coupez-le en fines lanières. Placer les nouilles en nid sur une plaque à pâtisserie farinée de tapioca tout en étalant le reste. Si vous les conservez, placez les nouilles non cuites entre des feuilles de papier sulfurisé dans un sac allant au congélateur. Congeler jusqu'à 6 mois. Faites cuire des nouilles surgelées directement hors du sac sans décongélation.

k) Plonger les nouilles dans l'eau bouillante et cuire 3-4 minutes en remuant de temps en temps. Égouttez les pâtes dans une passoire et mélangez-les délicatement avec un peu d'huile d'olive pour éviter qu'elles ne collent.

l) Servir avec votre sauce préférée !

13. Pâtes maison végétaliennes Chia

pour 4

Ingrédients:

- 300 g (2 1/3 tasses) de farine à pain
- 100 g de semoule
- 2 cuillères à soupe de graines de Chia
- 3/4 cuillères à café de sel
- 200 ml/1/2 tasses+4 ou 5 cuillères à soupe d'eau

les directions

a) Mettez le tout dans le robot culinaire (ou simplement dans un bol) dans l'ordre qui est écrit. Ne versez pas toute l'eau d'un coup, vous n'en aurez peut-être pas besoin. Pulsez jusqu'à ce que tout se mélange, sortez-le et pétrissez pour obtenir une belle pâte ferme mais élastique qui ne colle pas.

b) Divisez en 10 morceaux ou plus, couvrez ceux que vous n'utilisez pas pour que la pâte ne sèche pas. Saupoudrez un peu de farine sur votre surface et votre pâte, roulez (ou aplatissez avec vos mains) et passez dans la machine à pâtes de la taille la plus épaisse à la plus fine. Les feuilles doivent être aussi larges que vous le trouvez confortable et aussi longues que vous voulez que vos pâtes le soient. Quant à l'épaisseur : la meilleure épaisseur est d'environ 2 à 3 millimètres.

c) Si vous passez votre feuille de pâte dans la machine et que vous entendez les graines de chia craquer, c'est qu'elles sont trop fines et que les nouilles colleront à la cuisson. Saupoudrez souvent les feuilles de farine - cela aidera également à ne pas coller.

d) Veillez à ce que la surface sur laquelle vous posez les feuilles ou les pâtes finies soit également farinée. Enfin, passez les feuilles dans les cylindres de coupe de votre machine et faites une pâte.

Séparez les nouilles si elles collent ensemble.

e) Si vous n'avez pas de machine à pâtes, roulez simplement la pâte aussi fine que possible, puis coupez les pâtes avec un couteau bien aiguisé. Veillez à saupoudrer la pâte tout le temps pour qu'elle ne colle pas et ne vous tape pas sur les nerfs. Et recoller une fois cuit.

f) Pendant ce temps, portez une grande casserole d'eau à ébullition. Ajouter 1 cuillère à soupe de sel et un peu de vinaigre. Vous pouvez également ajouter une feuille de laurier ou deux pour un arôme spécial, mais si vous n'êtes pas sûr d'aimer l'arôme de la feuille de laurier, ne le faites pas car il peut sembler fort pour quelqu'un qui ne l'aime pas.

g) Soulevez les pâtes avec le couteau pour que l'excédent de farine tombe et déposez-les dans l'eau. Remuez immédiatement pour que les nouilles se séparent et ne collent pas au fond.

h) Au bout d'une petite minute, lorsque l'eau recommence à bouillir et mousse un peu, les nouilles doivent être al dente. Donnez-leur une brève minute et ils vont à la passoire, ou ils vont trop cuire et coller. Les nouilles ne doivent en aucun cas être translucides ! Au contraire, ils sont plutôt blancs.

i) De plus, ils ne gonflent pas et ne deviennent pas plus épais que les pâtes aux œufs. Aspergez les nouilles d'un peu d'huile et soulevez doucement avec deux fourchettes de bas en haut pour que tout soit recouvert.

j) Faites-le dans la passoire, immédiatement, ajoutez un peu de sel si vous le souhaitez puis transférez dans un autre bol.

14.   Pâtes maison au safran

Ingrédients:

- 1 pincée de filaments de safran
- 2 cuillères à soupe d'eau chaude
- 2 ½ tasse de farine 00 à l'italienne
- 3 gros oeufs
- 1 pincée de sel

Les directions:

a) Faire tremper les filaments de safran dans de l'eau chaude pendant 30 minutes.

b) Placez la farine sur une surface de travail en marbre ou en bois. Faire un puits au centre et y casser les œufs; ajouter le sel et l'eau safranée. Battez doucement les œufs, le safran et l'eau à l'aide d'une fourchette, en incorporant la farine environnante, jusqu'à ce que le mélange soit liquide. Tirez le reste de la farine au centre à l'aide d'un grattoir, en l'incorporant jusqu'à ce que la pâte forme une boule. Ajouter plus d'eau, 1 cuillère à soupe à la fois, si la pâte est trop ferme.

c) Pétrissez la pâte avec vos mains en aplatissant la boule, en l'étirant et en repliant le dessus vers le centre. Tourner à 45 degrés et répéter jusqu'à ce que la pâte soit douce et lisse, environ 10 minutes.

d) Façonner la pâte en boule. Placer dans un bol et couvrir d'une pellicule plastique. Réfrigérer jusqu'à consistance ferme, 30 minutes à 1 heure.

e) Étaler la pâte à la machine à pâtes ou au rouleau à pâtisserie et découper des feuilles de lasagnes ou des tagliatelles.

GARNITURE DE PÂTES

15. Garniture aux épinards et à la ricotta

Ingrédients:

- 1 lb d'épinards
- 1 oeuf
- 1 cuillères à soupe de sel
- 2 cuillères à soupe de crème épaisse
- 1 lb de fromage ricotta
- 4 cuillères à soupe de Parmigiano Reggiano râpé
- $\frac{1}{4}$ cuillères à café de noix de muscade pincée de poivre noir

Les directions:

a) Dans une casserole d'eau bouillante, cuire les épinards avec la moitié du sel jusqu'à ce qu'ils soient tendres.

b) Retirer les épinards de l'eau bouillante et laisser refroidir pendant 2-3 minutes.

c) Essorez l'eau des épinards et hachez-les grossièrement.

d) Dans un bol, mélanger les épinards hachés, le fromage ricotta, l'œuf, la crème épaisse et 4 cuillères à soupe de Parmigiano Reggiano. Assaisonner avec la noix de muscade, le sel restant et le poivre noir.

16. Beurre noisette à la sauge

Ingrédients:

- ¼ lb de beurre
- 1 petite échalote, hachée
- 1 cuillères à soupe de sauge hachée
- 1 gousse d'ail, hachée

Les directions:

a) Pour faire la sauce, faire fondre le beurre dans une casserole. Cuire doucement jusqu'à ce que le beurre devienne doré.

b) Retirer la casserole du feu et ajouter rapidement tous les ingrédients restants.

c) Remuer pour incorporer et servir avec les raviolis.

17. Garniture à la courge musquée rôtie

Ingrédients:

- 2 lb de courge musquée, coupée en deux sur la longueur et épépinée
- ¼ oignon moyen, haché
- 1 cuillères à soupe de sauge, hachée
- 1 cuillères à soupe de beurre non salé
- ¼ tasse de crème épaisse
- 1 gousse d'ail, hachée

Les directions:

a) Préchauffer le four à 400 degrés. Sur une plaque à pâtisserie, beurrez la courge et placez-la sur une plaque au four. Cuire jusqu'à tendreté à la fourchette.

b) Retirez la courge et placez-la dans une casserole avec l'oignon, la sauge, l'ail, la crème épaisse et la courge rôtie.

c) Porter à ébullition et réduire à feu doux. Cuire 5 minutes jusqu'à épaississement.

18. Garniture Crevette Scampi

Ingrédients:

- 5 cuillères à soupe de beurre
- 2 cuillères à soupe d'huile d'olive
- ½ oignon moyen entier, finement coupé en dés
- 4 gousses d'ail, hachées
- Grosses crevettes de 1 livre, décortiquées et déveinées
- ½ tasse de vin blanc
- 4 traits de sauce piquante
- 2 citrons entiers, pressés
- Sel et poivre noir fraîchement moulu, au goût
- 8 onces, poids Angel Hair Pasta
- Basilic frais haché au goût
- Persil frais haché, au goût
- ½ tasse de parmesan frais râpé

Les directions:

a) Chauffer l'huile d'olive et faire fondre le beurre dans une grande poêle à feu moyen. Ajouter les oignons

b) & ail et cuire pendant deux ou trois minutes, ou jusqu'à ce que les oignons soient translucides. Ajouter les crevettes, puis remuer et cuire quelques minutes. Pressez le jus de citron. Ajouter le vin, le beurre, le sel et le poivre et la sauce piquante. Vous pouvez ajouter plus de sauce piquante si vous le souhaitez. Remuer et réduire le feu à doux.

c) Jeter les cheveux d'ange dans l'eau bouillante. Cuire jusqu'à ce qu'il soit juste cuit/AL dente.

d) Égoutter, en réservant une tasse ou deux de l'eau des pâtes.

e) Retirer la poêle du feu. Ajouter les pâtes et mélanger, en ajoutant un peu d'eau de pâtes si elle doit être diluée. Goûtez pour les assaisonnements, en ajoutant du sel et du poivre si nécessaire.

f) Verser sur un grand plat de service puis garnir de parmesan fraîchement râpé et de persil haché. Sers immédiatement. Profitez.

19. Pesto au basilic classique

Ingrédients:

- 3 gousses d'ail, épluchées
- $\frac{1}{4}$ tasse de pignons de pin
- 2 tasses de feuilles de basilic frais
- 2 cuillères à soupe de feuilles de persil frais, facultatif
- 7 cuillères à soupe d'huile d'olive extra vierge
- sel
- poivre noir fraichement moulu
- $\frac{1}{4}$ tasse de fromage Parmesan ou Pecorino romain finement râpé

Les directions:

a) Faire griller l'ail dans une poêle moyenne à feu moyen, en secouant la poêle de temps en temps, jusqu'à ce qu'il soit ramolli et brun tacheté, environ 8 minutes.

b) Lorsqu'il est suffisamment froid pour être manipulé, retirez et jetez les peaux. Pendant que l'ail refroidit, faire griller les noix dans une poêle à feu moyen, en remuant souvent, jusqu'à ce qu'elles soient dorées et parfumées, de 4 à 5 minutes.

c) Placer le basilic et le persil, le cas échéant, dans un sac à fermeture à glissière de la taille d'un gallon. Aplatir le sac avec le côté plat d'un pilon à viande ou d'un rouleau à pâtisserie jusqu'à ce que toutes les feuilles soient meurtries.

d) Mélanger l'ail, les noix, les herbes, l'huile et environ $\frac{1}{2}$ cuillère à café de sel dans un robot culinaire jusqu'à consistance lisse, en raclant le bol au besoin.

e) Transférer le mélange dans un petit bol, incorporer le fromage et assaisonner de sel et de poivre au goût. (Le pesto peut être réfrigéré jusqu'à 3 jours dans un bol avec une pellicule plastique ou une fine couche d'huile recouvrant la surface du pesto.)

SOUPE DE PÂTES

20. Soupe de coquillages au romarin

Portions : 4

Ingrédients:

- 2 cuillères à café d'huile d'olive
- 1/2 C. coquilles de pâtes de blé entier ou 1/2 C. coquille 1 gousse d'ail, hachée finement
- Pâtes
- 1 échalote, finement hachée
- 1 cuillères à café de romarin
- 3 -4 C. bouillon de poulet sans gras ou 3 - 4 C.
- 3 C. Bébés épinards, nettoyés et parés
- bouillon de légumes
- 1/8 cuillères à café de poivre noir
- 1 (14 1/2 oz.) boîte de tomates en dés
- 1 trait de flocons de piment rouge broyés
- 1 (14 1/2 oz.) boîte de haricots blancs (cannellini
- ou autre)

Les directions:

a) Placer une grande casserole à feu moyen. Y faire chauffer l'huile. Ajouter l'ail et l'échalote puis les cuire 4 minutes.

b) Incorporer le bouillon, les tomates, les haricots et le romarin, le poivron noir et rouge. Faites-les cuire jusqu'à ce qu'ils commencent à bouillir. Incorporer les pâtes et laisser mijoter la soupe pendant 12 minutes.
c) Incorporer les épinards et laisser mijoter la soupe jusqu'à ce qu'elle ramollisse. Servir la soupe tiède.
d) Profitez.

21.   Soupe de pâtes Bell

Portions : 8

Ingrédients:

- 1 cuillère à soupe d'huile d'olive
- 1 1/2 C. haricots rouges, cuits
- 1 oignon, haché
- 2 cuillères à café de thym frais haché
- 2 gousses d'ail, hachées
- 1/2 C. d'épinards hachés
- 1 poivron rouge, haché
- 1 C. de pâtes aux coquillages
- 3 C. bouillon de poulet faible en gras et faible
- poivre noir moulu au goût
- 1 C. de tomates entières en conserve, hachées

Les directions:

a) Placer une grande casserole à feu moyen. Y faire chauffer l'huile. Ajouter l'oignon et l'ail puis les cuire 5 minutes. Incorporer les poivrons et les faire cuire 3 minutes.
b) Incorporer le bouillon, les tomates et les haricots. Faites-les cuire jusqu'à ce qu'ils

commencent à bouillir. Baisser le feu et laisser mijoter la soupe pendant 20 minutes.

c) Ajouter le thym, les épinards et les pâtes. Cuire la soupe pendant 5 minutes. Rectifier l'assaisonnement de la soupe. Servez-le chaud.

d) Profitez.

22. Soupe aux tomates séchées fumées

Portions : 8

Ingrédients:

- 2 tranches de bacon de dinde, hachées finement
- 1 botte de bette à carde rouge ou blanche
- 1 oignon, haché
- 1/4 C. de petites pâtes non cuites, comme l'orzo ou
- 1 gousse d'ail, hachée
- 1/4 cuillères à café de noix de muscade fraîchement râpée
- 5 grandes feuilles de sauge fraîche, hachées
- 1/8 cuillères à café de flocons de piment rouge broyés
- 5 feuilles de basilic frais, hachées grossièrement
- 1 cuillères à soupe de parmesan râpé, divisé
- 6 C. de bouillon de poulet, ou plus au besoin
- 1 boîte (15 oz) de haricots cannellini, égouttés et

- 1 cuillère à soupe d'huile d'olive extra vierge, divisée
- 2 cuillères à soupe de tomates séchées hachées
- 2 oz. Croûte de parmesan

Les directions:

a) Placer une grande casserole à feu moyen. Ajouter le bacon, l'oignon, l'ail, la muscade et les flocons de piment rouge puis les faire cuire pendant 5 minutes.
b) Incorporer le bouillon de poulet et les haricots cannellini puis les faire cuire jusqu'à ce qu'ils commencent à bouillir. Ajouter les tomates séchées et le morceau de croûte de parmesan.
c) Cuire la soupe à feu doux pendant 10 minutes.
d) Coupez les tiges de la bette à carde en lingue de 3/4 de pouce et les feuilles en tranches de 1 pouce de large. Ajouter les tiges avec les pâtes à la soupe puis les cuire 10 minutes à feu doux.
e) Ajouter les feuilles de blette tranchées, la sauge et le basilic puis cuire 5 minutes

à feu doux. Servir la soupe chaude avec du fromage.
f) Profitez.

23. Soupe aigre-piquante chinoise

Portions : 1

Ingrédients:

- 1 paquet (3 oz) de nouilles ramen
- 2 C. d'eau
- 1/8 C. champignon, tranché finement
- 1 cuillères à soupe de vinaigre de riz
- 1/8 cuillères à café de sauce chili
- 1 oeuf, battu
- 1/8 C. viande, cuite, tranchée finement.
- 1 oignon vert

Les directions:

a) Dans une casserole, ajouter 2 C. d'eau tiède, les nouilles ramen et les champignons et porter à ébullition.
b) Ajouter le vinaigre de riz et la sauce chili et cuire environ 5 à 7 minutes.
c) Réduire le feu à moyen.
d) Ajouter la viande hachée et remuer pour combiner.
e) Arroser très lentement, ajouter l'œuf battu en remuant continuellement.

f) Répartir la soupe dans des bols de service et servir chaud avec une pincée d'oignon émincé.

CASSEROLES & PÂTES AU FOUR

24. Cuisson de pâtes Crimini

Portions : 6

Ingrédients:

- 8h de champignons crimini
- 1/3 C. de parmesan, râpé
- 1 c. fleuron de brocoli
- 3 cuillères à soupe d'herbes de provence
- 1 c. épinards, feuilles fraîches, bien tassées
- 2 cuillères à soupe d'huile d'olive extra vierge
- 2 poivrons rouges, coupés en julienne
- 1 cuillères à soupe de sel
- 1 gros oignon, haché
- 1/2 cuillères à soupe de poivre
- 1 C. de fromage mozzarella, râpé
- 1 C. de sauce tomate
- 2/3 lb de pâtes

Les directions:

a) Avant de faire quoi que ce soit, réglez le four à 450 F. Graissez une cocotte avec de l'huile ou un aérosol de cuisson.

b) Prenez un grand bol à mélanger : mélangez-y les champignons, le brocoli, les épinards, le poivron et l'oignon.

c) Ajouter 1 cuillère à soupe d'huile d'olive, saler, poivrer et mélanger à nouveau.

d) Répartir les légumes dans le plat beurré et faire cuire au four pendant 10 minutes.

e) Cuire les pâtes jusqu'à ce qu'elles deviennent dente. Égouttez les pâtes et mettez-les de côté.

f) Obtenez un grand bol à mélanger : Mélangez 1 cuillère à soupe d'huile d'olive avec des légumes cuits au four, des pâtes, des herbes et du fromage mozzarella. Répartir le mélange dans la cocotte.

g) Saupoudrez le fromage dessus puis faites cuire 20 minutes. Servez-le chaud et dégustez.

25. Casserole Romano Rigatoni

Portions : 6

Ingrédients:

- 1 lb de saucisse moulue (j'utilise la saveur de sauge)
- 1/4 T. de fromage romano, râpé
- 1 boîte (28 oz) de sauce tomate à l'italienne
- persil haché, pour garnir
- 1 boîte (14 1/2 oz) de haricots cannellini, égouttés
- et rincé
- 1 (16 oz.) BOÎTE de pâtes rigatoni
- 1/2 cuillères à café d'ail haché
- 1 cuillères à café d'assaisonnement italien
- 3 C. de fromage mozzarella râpé

Les directions:

a) Avant de faire quoi que ce soit, réglez le four à 350 F. Graissez une grande casserole avec du beurre ou de l'huile.
b) Placer une grande casserole à feu moyen. Ajouter l'ail aux saucisses et les faire cuire pendant 6 minutes.

c) Ajouter la sauce tomate, les haricots et l'assaisonnement à l'italienne puis les cuire 5 Min à feu doux.
d) Cuire les pâtes selon les instructions du fabricant. Égouttez les pâtes et placez-les dans la casserole.
e) Versez la moitié du mélange de pâtes à la saucisse dans la casserole graissée, puis recouvrez-la de la moitié du fromage mozzarella. Répétez le processus pour faire une autre couche.
f) Garnir la cocotte de fromage romano puis mettre dessus un morceau de papier d'aluminium. Cuire la cocotte de rigatoni au four pendant 26 minutes.
g) Servez vos rigatonis chauds.
h) Profitez.

26. Pâtes à la crème de poulet au fromage

Portions : 6

Ingrédients:

- 1 1/2 C. de farine, plus
- 1 poivron rouge, coupé en julienne
- 1 cuillères à soupe de farine
- 1/2 C. de vin blanc
- 1 cuillères à soupe de sel
- 1/2 lb de feuilles d'épinards entières, équeutées
- 2 cuillères à café de poivre noir
- 12 onces liquides. crème épaisse
- 2 cuillères à café d'assaisonnement aux herbes italiennes
- 1 C. de parmesan, râpé
- 3 livres. poitrines de poulet désossées et sans peau
- 3 onces liquides. huile végétale, divisée
- 1 lb de pâtes penne
- 1 cuillères à soupe d'ail, haché

Les directions:

a) Avant de faire quoi que ce soit, réglez le four à 350 F.

b) Obtenez un plat peu profond : mélangez-y 1 1/2 C. farine, sel, poivre noir et assaisonnement aux herbes italiennes.
c) Placez une grande poêle allant au four à feu moyen puis faites-y chauffer un peu d'huile.
d) Enrober les poitrines de poulet avec le mélange de farine puis les faire dorer dans la poêle pendant 4 minutes de chaque côté. Transférer la poêle avec le poulet au four et cuire pendant 17 minutes.
e) Faites cuire les pâtes penne en suivant les instructions sur l'emballage jusqu'à ce qu'elles deviennent dente.
f) Égouttez-le et mettez-le de côté.
g) Pour faire la sauce :
h) Placer une grande casserole à feu moyen. Ajoutez-y 1 oz. d'huile. Y faire cuire le poivron rouge avec l'ail pendant 1 minutes. Incorporer la farine.
i) Mouiller avec le vin et faire cuire 1 minute. Ajouter la crème et les épinards puis les cuire jusqu'à ce qu'ils commencent à bouillir. Incorporer le fromage jusqu'à ce qu'il fonde.

j) Prenez un grand bol à mélanger : mélangez les pâtes avec la moitié de la sauce. Servir les pâtes chaudes avec le poulet puis arroser le reste de sauce sur le dessus.
k) Profitez.

27.   Spaghetti chaud ensoleillé

Portions : 2

Ingrédients:

- 2 1/2 C. de spaghettis cuits
- 1 cuillères à café d'origan
- 1/4 C. d'huile d'olive
- 1 cuillères à café d'ail granulé ou 2 cuillères à soupe d'ail frais
- 8 piments pepperoncini, hachés finement
- 1/2 C. de sauce à spaghetti

Les directions:

a) Placer une grande casserole à feu moyen. Y faire chauffer l'huile. Ajoutez les herbes avec les poivrons et faites-les cuire 4 minutes.
b) Incorporer la sauce aux spaghettis cuits puis cuire pendant 3 minutes.
c) Servez vos spaghettis chauds tout de suite.
d) Profitez.

28. Poêlée de bœuf en sauce

Portions : 6

Ingrédients:

- 500 g de boeuf haché
- 1 cuillères à soupe de bouillon de bœuf, séché instantanément
- 4 cuillères à soupe d'huile d'olive
- 2 feuilles de laurier
- 1 oignon, finement haché
- Sauce Worcestershire, trait
- 2 gousses d'ail, pelées et écrasées
- 1 cuillères à café de piment de la Jamaïque
- 1 cuillères à café de cannelle
- 1 cuillère à café de paprika
- 130 g de concentré de tomate
- 500 g de sauce pour pâtes

Les directions:

a) Placer une grande casserole sur feu vif. Y faire chauffer l'huile. Ajouter l'oignon, l'ail, le bœuf et les épices puis les faire cuire 6 minutes.

b) Incorporer la sauce tomate et pâtes, le paprika, le bouillon de boeuf, les feuilles de laurier, le sel et le poivre puis les faire cuire 30 minutes à feu doux en remuant souvent.
c) Servez votre bœuf en sauce tiède avec des pâtes.
d) Profitez.

29. Puttanesca

Portions : 4

Ingrédients:

- 8 onces. Pâtes
- 2 cuillères à soupe de pâte de tomate
- 1/2 C. d'huile d'olive
- 3 cuillères à soupe de câpres
- 3 gousses d'ail, hachées
- 20 olives grecques, dénoyautées et coupées en gros dés
- 2 C. de tomates en dés, passées au travers d'un
- 1/2 cuillères à café de flocons de piment rouge broyés
- tamis
- 4 filets d'anchois, rincés et coupés en dés

Les directions:

a) Faites bouillir vos pâtes dans de l'eau et du sel pendant 9 moins puis retirez tous les liquides.
b) Maintenant, faites sauter votre ail dans l'huile jusqu'à ce qu'il soit bien doré.

c) Ajoutez ensuite les tomates et faites cuire le mélange pendant 7 minutes avant d'ajouter : les flocons de piment, les anchois, les olives, le concentré de tomate et les câpres.
d) Laisser cuire le mélange pendant 12 minutes et remuer le tout au moins 2 fois.
e) Maintenant, ajoutez les pâtes et remuez le tout pour bien enrober les nouilles.

30. Casserole de boeuf haché

Portions : 6

Ingrédients:

- 1 paquet (12 oz) de nouilles aux œufs larges
- 1 cuillères à soupe de cumin moulu
- 1 lb de boeuf haché
- 1 cuillères à café d'origan séché
- 1 oignon, haché
- 1/2 cuillères à café de poivre de Cayenne
- 3 gousses d'ail, hachées
- 1 C. de fromage Cheddar fort râpé
- 2 boîtes (15 oz) de sauce tomate
- 1 boîte (8 oz) de sauce tomate
- 15 onces liquides. l'eau
- 1 C. de vin rouge

Les directions:

a) Réglez votre four à 350 degrés F avant de faire quoi que ce soit d'autre et graissez un plat de cuisson de 14 x 9 pouces.
b) Dans une grande casserole d'eau bouillante légèrement salée, faire cuire

les nouilles aux œufs environ 5 minutes en remuant de temps en temps.
c) Bien les égoutter et garder le tout de côté.
d) Chauffer une grande poêle à feu moyen-élevé et cuire le boeuf jusqu'à ce qu'il soit complètement doré.
e) Ajouter l'oignon et l'ail et faire revenir jusqu'à ce que l'oignon devienne tendre.
f) Ajouter la sauce tomate, le vin, l'eau, l'origan, le cumin et le piment de Cayenne et porter à ébullition.
g) Incorporer les pâtes et placer le mélange dans le plat de cuisson préparé.
h) Garnir le tout avec le fromage cheddar et faire cuire le tout au four pendant environ 20
i) minutes.

31. Rôti de légumes d'automne

Portions : 6

Ingrédients:

- 1 courge spaghetti
- 1/2 cuillères à café d'origan séché
- 1 grosse carotte, tranchée en diagonale
- 1 pincée de piment de la Jamaïque moulu
- 2 branches de céleri, tranchées en diagonale
- 3 gousses d'ail, hachées
- 1 gros oignon jaune, coupé en dés
- 3/4 lb de fromage mozzarella partiellement écrémé
- 1 poivron rouge, pelé, épépiné et
- 1/2 C. de parmesan râpé
- en dés
- Huile
- 2 cuillères à soupe d'huile d'olive extra vierge
- 28 onces. tomates, en dés, pelées et épépinées)
- flocons de piment rouge, émincés
- 1 cuillères à café de basilic séché

Les directions:

a) Mettez une grande casserole d'eau à feu vif. Ajoutez-y la courge entière et laissez cuire jusqu'à ce qu'elle commence à bouillir.
b) Mettez le couvercle et laissez bouillir pendant 55 minutes.
c) Placer une grande casserole à feu moyen. Faites-y chauffer un filet d'huile. Y faire cuire l'oignon avec la carotte pendant 6 minutes.
d) Incorporer le reste du céleri avec le poivron, les flocons de piment, une pincée de sel et de poivre.
e) Faites-les cuire 12 min en les remuant souvent. Incorporer les ingrédients restants.
f) Laisser cuire la sauce 16 min à feu doux. Ajouter la mozzarella avec le parmesan.
g) Éteignez le feu.
h) Égouttez la courge de l'eau. Coupez-le en deux et laissez-le refroidir complètement.
i) Jeter les graines. Utilisez une fourchette pour gratter la pulpe de courge.

j) Avant de faire quoi que ce soit, préchauffez le four à 350 F. Graissez une cocotte avec un aérosol de cuisson.
k) Déposer la moitié de la courge spaghetti dans la cocotte graissée. Étalez dessus la moitié du mélange de légumes rôtis aux légumes d'automne au fromage.
l) Répétez l'opération avec le reste du mélange. Mettre la cocotte au four et laisser cuire 32 minutes.
m) Laisser reposer la casserole de spaghettis pendant 5 minutes puis la servir chaude.
n) Profitez.

PÂTES CLASSIQUES

32. Penne

Portions : 8

Ingrédients:

- 1 paquet (16 oz) de pâtes penne
- 2 boîtes (14,5 oz) de tomates en dés
- 2 cuillères à soupe d'huile d'olive
- 1 lb de crevettes décortiquées et déveinées
- 1/4 C. oignon rouge coupé en dés
- 1 C. de parmesan râpé
- 1 cuillères à soupe d'ail haché
- 1/4 C. de vin blanc

Les directions:

a) Faites bouillir vos pâtes dans l'eau et le sel pendant 9 minutes puis retirez les liquides.
b) Maintenant, commencez à faire sauter votre ail et vos oignons dans l'huile jusqu'à ce que les oignons soient tendres.
c) Ajoutez ensuite les tomates et le vin.
d) Laisser mijoter le mélange pendant 12 minutes en remuant. Ajoutez ensuite les crevettes et faites cuire le tout pendant 6 minutes.

e) Ajoutez maintenant les pâtes et remuez le tout pour bien enrober les nouilles.

33. Orzo au parmesan

Portions : 6

Ingrédients:

- 1/2 C. beurre, divisé
- ail en poudre au goût
- 8 oignons perlés
- sel et poivre au goût
- 1 c. de pâtes orzo non cuites
- 1/2 C. de parmesan râpé
- 1/2 C. champignons frais tranchés
- 1/4 C. de persil frais
- 1 C d'eau
- 1/2 C. de vin blanc

Les directions:

a) Faites sauter vos oignons dans la moitié du beurre jusqu'à ce qu'il soit doré, puis ajoutez le reste du beurre, les champignons et l'orzo.
b) Continuez à faire frire le tout pendant 7 minutes.
c) Maintenant, mélangez le vin et l'eau et faites bouillir le tout.

d) Une fois le mélange à ébullition, réglez le feu à doux et faites cuire le tout pendant 9 minutes après avoir ajouté le poivre, le sel et la poudre d'ail.
e) Une fois l'orzo cuit, garnissez-le de persil et de parmesan.
f) Profitez.

34. Pâtes rustiques

Portions : 4

Ingrédients:

- 1 lb de pâtes farfalle (nœud papillon)
- 1 paquet (8 oz) de champignons, tranchés
- 1/3 C. d'huile d'olive
- 1 cuillères à soupe d'origan séché
- 1 gousse d'ail, hachée
- 1 cuillère à soupe de paprika
- 1/4 C. de beurre
- sel et poivre au goût
- 2 petites courgettes, coupées en quartiers et tranchées
- 1 oignon, haché
- 1 tomate, hachée

Les directions:

a) Faites bouillir vos pâtes pendant 10 minutes dans de l'eau et du sel. Retirer l'excédent de liquide et réserver.
b) Faites revenir votre sel, poivre, ail, paprika, courgette, origan,

    champignons, oignon et tomate,
    pendant 17 minutes dans l'huile d'olive.
c) Mélanger les légumes et les pâtes.
d) Profitez.

35. Alfredo classique

Portions : 8

Ingrédients:

- 6 demi-poitrines de poulet désossées et sans peau
- 3/4 cuillères à café de poivre blanc moulu
- 3 C. de lait
- 6 cuillères à soupe de beurre, divisé
- 1 C. moitié-moitié
- 4 gousses d'ail, hachées, divisées
- 3/4 C. de parmesan râpé
- 1 cuillères à soupe d'assaisonnement italien
- 8 onces. fromage Monterey Jack râpé
- 1 lb de pâtes fettuccini
- 3 tomates roma (prunes), coupées en dés
- 1 oignon, coupé en dés
- 1/2 C. de crème sure
- 1 paquet (8 oz) de champignons tranchés
- 1/3 C. de farine tout usage
- 1 cuillères à soupe de sel

Les directions:

a) Remuez votre poulet après l'avoir enrobé d'assaisonnement italien dans 2 cuillères à soupe de beurre avec 2 morceaux d'ail.
b) Faites sauter la viande jusqu'à ce qu'elle soit entièrement cuite, puis mettez le tout de côté.
c) Faites maintenant bouillir vos pâtes dans l'eau et le sel pendant 9 minutes puis retirez tous les liquides.
d) Dans le même temps, faites revenir vos oignons dans 4 cuillères à soupe de beurre avec les champignons et 2 autres morceaux d'ail.
e) Continuez à faire frire le mélange jusqu'à ce que les oignons soient transparents, puis mélangez-y votre poivre, votre sel et votre farine.
f) Remuer et cuire le mélange pendant 4 minutes. Ajoutez ensuite petit à petit votre moitié-moitié et le lait, tout en remuant, jusqu'à ce que tout soit lisse.
g) Incorporer le Monterey et le parmesan et laisser cuire jusqu'à ce que le fromage soit fondu, puis ajouter le poulet, la crème sure et les tomates.

h) Servez généreusement vos pâtes avec le mélange de poulet et la sauce.
i) Profitez.

36.   Parmigiana italienne

Portions : 2

Ingrédients:

- 1 oeuf, battu
- 2 oz. fromage mozzarella râpé
- 2 oz. chapelure
- 1/4 C. de parmesan râpé
- 2 poitrines de poulet désossées et sans peau
- moitiés
- 3/4 (16 oz) pot de sauce à spaghetti

Les directions:

a) Enduisez une plaque à biscuits d'huile puis réglez votre four à 350 degrés avant de faire quoi que ce soit d'autre.
b) Prenez un bol et ajoutez vos œufs.
c) Prenez un 2ème bol et ajoutez votre chapelure.
d) Enrobez d'abord votre poulet avec les œufs puis avec la chapelure.
e) Déposez vos morceaux de poulet sur la plaque à biscuits et faites-les cuire au

four pendant 45 minutes, jusqu'à ce qu'ils soient complètement cuits.
f) Ajoutez maintenant la moitié de votre sauce pour pâtes dans une casserole et déposez votre poulet sur la sauce.
g) Déposer le reste de sauce sur les morceaux de poulet. Ajoutez ensuite une garniture de parmesan et de mozzarella sur le tout.
h) Cuire la parmigiana au four pendant 25 minutes.
i) Profitez.

37.   Pâtes au thon

Portions : 4

Ingrédients:

- 2 cuillères à soupe d'huile d'olive
- 1 boîte (7 oz) de thon dans l'huile, égoutté
- 1 filet d'anchois
- 1/4 C. de persil plat frais coupé en dés
- 2 cuillères à soupe de câpres
- 1 paquet (12 oz) de spaghettis
- 3 gousses d'ail hachées
- 1 cuillère à soupe d'huile d'olive extra vierge, ou au goût
- 1/2 C. de vin blanc sec
- 1/4 C. Parmigiano-Reggiano fraîchement râpé
- 1/4 cuillères à café d'origan séché
- fromage, ou au goût
- 1 pincée de flocons de piment rouge, ou au goût
- 1 cuillère à soupe de persil plat frais coupé en dés, ou au goût 3 C. tomates italiennes (prunes) broyées
- sel et poivre noir moulu au goût

- 1 pincée de poivre de Cayenne, ou au goût

Les directions:

a) Faites sauter vos câpres et vos anchois dans l'huile d'olive pendant 4 minutes, puis ajoutez l'ail et continuez à faire frire le mélange pendant 2 minutes de plus.
b) Ajoutez maintenant : les flocons de piment, le vin blanc et l'orange.
c) Remuez le mélange et augmentez le feu.
d) Laisser cuire le mélange pendant 5 minutes avant d'ajouter les tomates et de faire mijoter doucement le mélange.
e) Une fois que le mélange mijote, ajoutez : le poivre de Cayenne, le poivre noir et le sel.
f) Réglez le feu à doux et laissez cuire le tout pendant 12 minutes.
g) Commencez maintenant à faire bouillir vos pâtes dans l'eau et le sel pendant 10 minutes puis retirez tous les liquides et laissez les nouilles dans la casserole.
h) Combinez les tomates mijotées avec les nouilles et placez un couvercle sur la casserole. Avec un faible niveau de

chaleur, réchauffez le tout pendant 4 minutes.

i) Au moment de servir vos pâtes, ajoutez-y du Parmigiano-Reggiano, du persil et de l'huile d'olive.

38. Poulet de Milan

Portions : 4

Ingrédients:

- 1 cuillères à soupe de beurre
- sel et poivre au goût
- 2 gousses d'ail, hachées
- 2 cuillères à soupe d'huile végétale
- 1/2 C. tomates séchées au soleil, coupées en dés
- 2 cuillères à soupe de basilic frais coupé en dés
- 1 c. de bouillon de poulet, divisé
- 8 onces. pâtes fettuccini sèches
- 1 c. de crème épaisse
- 1 lb de poitrine de poulet désossée et sans peau
- moitiés

Les directions:

a) Enduisez une plaque à biscuits d'huile puis réglez votre four à 350 degrés avant de faire quoi que ce soit d'autre.

b) Faire sauter votre ail 1 min, dans du beurre, puis incorporer 3/4 C. de bouillon et les tomates.
c) Montez le feu et faites bouillir le tout.
d) Une fois que le mélange bout, réglez le feu à doux et laissez cuire le contenu pendant 12 minutes.
e) Maintenant, ajoutez la crème et remettez le tout à bouillir jusqu'à ce que le mélange soit épais.
f) Enduisez votre poulet de poivre et de sel, puis faites frire la viande dans l'huile chaude pendant 5 minutes de chaque côté jusqu'à ce qu'elle soit complètement cuite. Ensuite, placez le poulet de côté dans un bol couvert.
g) Retirez une partie du jus de cuisson de la casserole et commencez à faire bouillir 1/4 C. de bouillon tout en grattant les morceaux du bas.
h) Une fois que le mélange bout, réglez le feu à doux, ajoutez le basilic et laissez le bouillon réduire un peu.
i) Une fois qu'il a réduit, mélangez-le avec la sauce à la crème de tomate.

j) Commencez maintenant à faire bouillir vos pâtes dans l'eau et le sel pendant 9 minutes puis retirez le liquide et placez le tout dans un bol. Incorporer les pâtes avec environ 5 cuillères à soupe de sauce tomate à la crème.
k) Coupez maintenant votre poulet en lanières et réchauffez à nouveau la tomate. Répartissez vos nouilles entre les plats de service. Garnir les nouilles avec du poulet, puis de la sauce.
l) Profitez.

39. Lasagne Classique

Portions : 8

Ingrédients:

- 1 1/2 lb boeuf haché maigre
- 2 œufs, battus
- 1 oignon, coupé en dés
- 1 pinte de fromage ricotta partiellement écrémé
- 2 gousses d'ail, hachées
- 1/2 C. de parmesan râpé
- 1 cuillère à soupe de basilic frais coupé en dés
- 2 cuillères à soupe de persil séché
- 1 cuillères à café d'origan séché
- 1 cuillères à café de sel
- 2 cuillères à soupe de cassonade
- 1 lb de fromage mozzarella, râpé
- 1 1/2 cuillères à café de sel
- 2 cuillères à soupe de parmesan râpé
- 1 (29 oz.) boîte de tomates en dés
- 2 boîtes (6 oz) de pâte de tomate
- 12 pâtes à lasagne sèches

Les directions:

a) Faites sauter votre ail, vos oignons et votre bœuf pendant 3 minutes, puis mélangez-y : la pâte de tomate, le basilic, les tomates en dés, l'origan, 1,5 cuillère à café de sel et la cassonade.
b) Maintenant, réglez votre four à 375 degrés avant de faire quoi que ce soit d'autre.
c) Commencez à faire bouillir vos pâtes dans l'eau et le sel pendant 9 minutes puis retirez tous les liquides.
d) Prenez un bol, mélangez : 1 cuillère à café de sel, les œufs, le persil, la ricotta et le parmesan.
e) Placer un tiers des pâtes dans une cocotte et recouvrir le tout avec la moitié du mélange de fromages, un tiers de la sauce et la moitié de la mozzarella.
f) Continuez à superposer de cette manière.
g) Recouvrir ensuite le tout d'un peu de parmesan.
h) Cuire les lasagnes au four pendant 35 minutes.
i) Profitez.

40. Pâtes amusantes romaines

Portions : 6

Ingrédients:

- 1 paquet (12 oz) de pâtes papillon
- 1 boîte (28 oz) de prunes à l'italienne
- 2 cuillères à soupe d'huile d'olive
- tomates, égouttées et coupées en gros dés
- 1 lb de saucisses italiennes douces, boyaux
- 1 1/2 C. de crème épaisse
- enlevé et émietté
- 1/2 cuillères à café de sel
- 1/2 cuillères à café de flocons de piment rouge
- 3 cuillères à soupe de persil frais haché
- 1/2 C. oignon coupé en dés
- 3 gousses d'ail, hachées

Les directions:

a) Faites bouillir vos pâtes dans l'eau et le sel pendant 9 minutes puis retirez les liquides.

b) Commencez à faire sauter vos flocons de piment et vos saucisses dans l'huile jusqu'à ce que la viande soit dorée, puis ajoutez l'ail et les oignons.
c) Laissez les oignons cuire jusqu'à ce qu'ils soient tendres puis ajoutez le sel, la crème et les tomates.
d) Remuez le mélange puis faites bouillir doucement le tout.
e) Laissez le mélange cuire doucement à feu doux pendant 9 minutes puis ajoutez les pâtes.
f) Remuer le mélange, pour cuire uniformément les nouilles, puis enrober le tout de persil.
g) Profitez.

41.   Tortellini Classique

Portions : 8

Ingrédients:

- 1 lb de saucisses italiennes douces, boyaux retirés
- 1/2 cuillères à café d'origan séché
- 1 C. oignon coupé en dés
- 1 boîte (8 oz) de sauce tomate
- 2 gousses d'ail, hachées
- 1 1/2 C. de courgettes tranchées
- 5 C. de bouillon de bœuf
- 8 onces. pâtes tortellini fraîches
- 1/2 C. d'eau
- 3 cuillères à soupe de persil frais haché
- 1/2 C. de vin rouge
- 4 grosses tomates - pelées, épépinées et en dés
- 1 C. de carottes tranchées finement
- 1/2 cuillères à soupe de feuilles de basilic frais tassées

Les directions:

a) Dans une grande marmite, faites dorer votre saucisse sur toute sa surface.

b) Retirez ensuite la viande de la poêle.
c) Commencez à faire sauter votre ail et vos oignons dans le jus de cuisson, puis ajoutez : la saucisse, le bouillon, la sauce tomate, l'eau, l'origan, le vin, le basilic, les tomates et les carottes.
d) Faites bouillir le mélange, réglez le feu à doux et laissez tout cuire pendant 35 minutes.
e) Retirez le gras qui remonte à la surface puis ajoutez le persil et les courgettes.
f) Poursuivre la cuisson du mélange pendant 20 minutes de plus avant d'ajouter les pâtes et de laisser le tout cuire 15 minutes de plus.
g) Au moment de servir le plat, le garnir de parmesan.
h) Profitez.

42.   Lasagne au pepperoni

Portions : 12

Ingrédients:

- 3/4 lb de boeuf haché
- 1/4 cuillères à café de poivre noir moulu
- 1/2 lb de salami, haché
- 9 pâtes à lasagne
- 1/2 lb de saucisses au pepperoni, hachées
- 4 C. de fromage mozzarella râpé
- 1 oignon, émincé
- 2 C. de fromage blanc
- 2 boîtes (14,5 oz) de tomates étuvées
- 9 tranches de fromage blanc américain
- 16 onces. sauce tomate
- fromage parmesan râpé
- 6 onces. pâte de tomate
- 1 cuillères à café d'ail en poudre
- 1 cuillères à café d'origan séché
- 1/2 cuillères à café de sel

Les directions:

a) Faites frire votre pepperoni, votre bœuf, vos oignons et votre salami pendant 10 minutes. Retirer l'excédent d'huile.

Mettez le tout dans votre mijoteuse à feu doux avec du poivre, de la sauce et de la pâte de tomates, du sel, des tomates compotées, de l'origan et de la poudre d'ail pendant 2 heures.

b) Allumez votre four à 350 degrés avant de continuer.
c) Faites bouillir vos lasagnes dans de l'eau salée jusqu'à ce qu'elles soient al dente pendant 10 minutes, puis retirez toute l'eau.
d) Dans votre plat allant au four, appliquez une légère couche de sauce puis couchez : 1/3 de nouilles, 1 1/4 C.
e) mozzarella, 2/3 C. fromage cottage, tranches de fromage américain, 4 cuillères à café de parmesan, 1/3 viande.
f) Continuer jusqu'à ce que le plat soit plein.
g) Cuire pendant 30 minutes.
h) Profitez.

43. Lasagne Espagnole

Portions : 12

Ingrédients:

- 4 tasses de tomates hachées en conserve
- 1 contenant (32 oz) de fromage ricotta
- 1 (7 oz) de piments verts coupés en dés
- 4 oeufs, légèrement battus
- 1 (4 oz.) boîte de piments jalapeno coupés en dés
- 1 paquet (16 oz) déchiqueté à la mexicaine du fromage
- 3 gousses d'ail, hachées
- 1 paquet (8 oz) de nouilles à lasagne sans cuisson
- 10 brins de coriandre fraîche, hachée
- 2 cuillères à soupe de cumin moulu
- 2 livres. saucisse de chorizo

Les directions:

a) Faire bouillir les ingrédients suivants pendant 2 minutes, puis laisser mijoter à feu doux pendant 55 minutes : coriandre, tomates, cumin, piments verts, ail, oignon et jalapenos.

b) Prenez un bol, mélangez : les œufs battus et la ricotta.
c) Réglez votre four à 350 degrés avant de continuer.
d) Faites sauter vos chorizos. Retirez ensuite l'excédent d'huile et émiettez la viande.
e) Dans votre plat allant au four, appliquez une légère couche de sauce puis couchez : saucisse, 1/2 de votre sauce, 1/2 fromage râpé, nouilles à lasagne, ricotta, plus de nouilles, toute la sauce restante et plus de fromage râpé.
f) Enduisez du papier d'aluminium d'un spray antiadhésif et couvrez les lasagnes. Cuire 30 minutes à couvert et 15 minutes sans couvercle.
g) Profitez.

SALADES DE PÂTES

44. Salade Vegan Rigatoni Basilic

Portions : 6

Ingrédients

- 1 1/2 (8 oz) paquets de pâtes rigatoni
- 6 feuilles de basilic frais, finement tranchées
- 2 cuillères à soupe d'huile d'olive
- 6 brins de coriandre fraîche, hachés
- 2 gousses d'ail, hachées
- 1/4 C. d'huile d'olive
- 1/2 paquet (16 oz) de tofu, égoutté et
- cube
- 1/2 cuillères à café de thym séché
- 1 1/2 cuillères à café de sauce soja
- 1 petit oignon, tranché finement
- 1 grosse tomate, en cubes
- 1 carotte, râpée

Les directions:

a) Cuire les pâtes selon les indications sur le paquet.
b) Placer une grande casserole à feu moyen. Faites-y chauffer 2 cuillères à soupe

d'huile d'olive. Ajouter l'ail et le faire cuire 1 min 30 sec.
c) Incorporer le thym avec le tofu. Faites-les cuire 9 minutes. Incorporer la sauce soja et éteindre le feu.
d) Prenez un grand bol à mélanger : versez-y les rigatoni, le mélange de tofu, l'oignon, la tomate, la carotte, le basilic et la coriandre. Verser l'huile d'olive sur la salade de pâtes puis servir.
e) Profitez.

45. Salade de feta et d'orzo à la menthe

Portions : 8

Ingrédients

- 1 1/4 C. pâtes orzo
- 1 petit oignon rouge, coupé en dés
- 6 cuillères à soupe d'huile d'olive, divisée
- 1/2 C. feuilles de menthe fraîche finement hachées
- 3/4 C. lentilles brunes séchées, rincées et
- 1/2 C. aneth frais haché
- drainé
- sel et poivre au goût
- 1/3 C. de vinaigre de vin rouge
- 3 gousses d'ail, hachées
- 1/2 C. olives Kalamata, dénoyautées et hachées
- 1 1/2 C. fromage feta émietté

Les directions:

a) Cuire les pâtes selon les indications sur le paquet.

b) Porter à ébullition une grande casserole d'eau salée. Faites-y cuire les lentilles jusqu'à ce qu'elles commencent à bouillir.
c) Baissez le feu et mettez le couvercle. Cuire les lentilles pendant 22 minutes. Retirez-les de l'eau.
d) Procurez-vous un petit bol à mélanger : mélangez-y l'huile d'olive, le vinaigre et l'ail. Fouettez-les bien pour faire la vinaigrette.
e) Obtenez un grand bol à mélanger : mélangez-y les lentilles, la vinaigrette, les olives, le fromage feta, l'oignon rouge, la menthe et l'aneth, avec du sel et du poivre.
f) Enveloppez d'un film plastique le saladier et placez-le au réfrigérateur pendant 2 h 30 minutes. Rectifiez l'assaisonnement de la salade puis servez-la.
g) Profitez.

46. Salade de rotini au pepperoni et au fromage

Portions : 8

Ingrédients

- 1 paquet (16 oz) de pâtes rotini tricolores
- 1 paquet (8 oz) de fromage mozzarella,
- 1/4 lb de saucisses au pepperoni tranchées
- déchiqueté
- 1 C. bouquets de brocoli frais
- 1 bouteille (16 oz) de salade à l'italienne
- 1 boîte (6 oz) d'olives noires, égouttées

les directions

a) Cuire les pâtes selon les indications sur le paquet.
b) Prenez un grand bol à mélanger : versez-y les pâtes, le pepperoni, le brocoli, les olives, le fromage et la vinaigrette.
c) Rectifiez l'assaisonnement de la salade et placez-la au réfrigérateur pendant 1 h 10 minutes. Sers le.
d) Profitez.

47. Salade de pâtes au poulet et aux noix

Portions : 4

Ingrédients

- 6 tranches de bacon
- 1 pot (6 oz) de cœurs d'artichauts marinés, égouttés 10 pointes d'asperges, extrémités coupées
- et haché grossièrement
- 1/2 paquet (16 oz) de rotini, de coude ou de penne 1 poitrine de poulet cuite, pâtes en cubes
- 1/4 C. de canneberges séchées
- 3 cuillères à soupe de mayonnaise faible en gras
- 1/4 C. amandes effilées grillées
- 3 cuillères à soupe de vinaigrette balsamique
- sel et poivre au goût
- 2 cuillères à café de jus de citron
- 1 cuillères à café de sauce Worcestershire

les directions

a) Placer une grande casserole à feu moyen. Faites-y cuire le bacon jusqu'à ce qu'il devienne croustillant. Retirez-le de l'excès de graisse. Émiettez-le et mettez-le de côté.
b) Cuire les pâtes selon les indications sur le paquet.
c) Prenez un petit bol à mélanger : mélangez-y la mayonnaise, la vinaigrette balsamique, le jus de citron et la sauce Worcestershire. Mélangez-les bien.
d) Prenez un grand bol à mélanger : versez-y les pâtes avec la vinaigrette. Ajouter l'artichaut, le poulet, les canneberges, les amandes, le bacon émietté et les asperges, une pincée de sel et de poivre.
e) Remuez-les bien. Refroidir la salade au réfrigérateur pendant 1 h 10 puis la servir.
f) Profitez.

48. Salade de pâtes fraîches au citron

Portions : 8

Ingrédients

- 1 paquet (16 oz) de pâtes rotini tricolores
- 1 pincée de sel et de poivre noir moulu pour
- 2 tomates, épépinées et coupées en dés
- goûter
- 2 concombres - pelés, épépinés et
- 1 avocat, coupé en dés
- en dés
- 1 jus de citron pressé
- 1 boîte (4 oz) d'olives noires tranchées
- 1/2 C. vinaigrette italienne, ou plus au goût
- 1/2 C. de parmesan râpé

les directions

a) Cuire les pâtes selon les indications sur le paquet.
b) Prenez un grand bol à mélanger : mélangez-y les pâtes, les tomates, les concombres, les olives, la vinaigrette

italienne, le parmesan, le sel et le poivre. Remuez-les bien.
c) Placer les pâtes au réfrigérateur pendant 1 h 15 minutes.
d) Procurez-vous un petit bol à mélanger : versez-y le jus de citron avec l'avocat. Mélangez l'avocat avec la salade de pâtes puis servez-le.
e) Profitez.

49. Salade de tortellinis en pot

Portions : 2

Ingrédients

- 1 paquet (9 oz) d'épinards et de fromage
- 1 pot de conserve
- tortellinis
- sel et poivre noir moulu au goût
- 1 pot (4 oz) de pesto
- 1/4 C. coupé en deux, épépiné et tranché Anglais
- concombre
- 1/4 C. tomates cerises coupées en deux
- 1/4 C. morceaux d'oignon rouge de la taille d'une allumette
- 1/2 C. maché haché

les directions

a) Cuire les pâtes selon les indications sur le paquet.
b) Étalez le pesto dans le bocal puis garnissez-le de concombres, tomates, oignons, tortellini et mache. Assaisonnez-les avec un peu de sel et de poivre.

c) Servez votre salade tout de suite ou réfrigérez-la jusqu'à ce que vous soyez prêt à la servir.

50.   Salade de pâtes aux linguines romano

Portions : 6

Ingrédients

- 1 paquet (8 oz) de pâtes linguine
- 1/2 cuillères à café de flocons de piment rouge
- 1 sac (12 oz) de bouquets de brocoli, coupés en bouchées - 1/4 cuillères à café de poivre noir moulu
- pièces de taille
- sel au goût
- 1/4 C. d'huile d'olive
- 4 cuillères à café d'ail haché
- 1/2 C. fromage romano finement râpé
- 2 cuillères à soupe de feuilles plates fraîches finement hachées
- persil

Les directions:

a) Cuire les pâtes selon les indications sur le paquet.
b) Porter une casserole d'eau à ébullition. Placez un cuiseur vapeur dessus. Y faire

cuire à la vapeur le brocoli avec le couvercle pendant 6 min
c) Placer une casserole à feu moyen. Y faire chauffer l'huile. Y faire revenir l'ail avec les flocons de piment pendant 2 minutes.
d) Prenez un grand bol à mélanger : transférez-y le mélange d'ail sauté avec les pâtes, le brocoli, le fromage Romano, le persil, le poivre noir et le sel. Mélangez-les bien.
e) Rectifier l'assaisonnement de la salade. Servez-le tout de suite.
f) Profitez.

51. Salade de fusilli sauce au cheddar

Portions : 10

Ingrédients

- 2 cuillères à soupe d'huile d'olive
- 6 oignons verts, hachés
- 1 cuillères à café de sel
- 3/4 C. de piments jalapeno marinés hachés
- 1 paquet (16 oz) de pâtes fusilli
- 1 boîte (2,25 oz) d'olives noires tranchées
- 2 lb de bœuf haché extra-maigre
- (optionnel)
- 1 paquet (1,25 oz) de mélange d'assaisonnements pour tacos
- 1 paquet (8 oz) de cheddar râpé
- 1 pot (24 oz) de salsa douce
- du fromage
- 1 bouteille (8 oz) de vinaigrette ranch
- 1 1/2 poivrons rouges, hachés

les directions

a) Placer une grande casserole à feu moyen. Remplissez-le d'eau et versez-y l'huile d'olive avec du sel.
b) Faites-le cuire jusqu'à ce qu'il commence à bouillir.
c) Ajouter les pâtes et faire bouillir pendant 10 minutes. Retirez-le de l'eau et mettez-le de côté pour l'égoutter.
d) Placer une grande casserole à feu moyen. Y faire revenir le boeuf pendant 12 minutes. Jeter l'excédent de graisse.
e) Ajouter l'assaisonnement pour tacos et bien mélanger. Mettez le mélange de côté pour perdre complètement la chaleur.
f) Obtenez un grand bol à mélanger : mélangez-y la salsa, la vinaigrette ranch, les poivrons, les oignons verts, les jalapenos et les olives noires.
g) Ajouter les pâtes avec le bœuf cuit, le fromage cheddar et le mélange de vinaigrette. Remuez-les bien.
h) Placez un morceau de film plastique sur le saladier. Placez-le au réfrigérateur pendant 1h15.

52. Salade de pâtes Penn crémeuse

Portions : 10

Ingrédients

- 1 (16 oz.) boîte de mini pâtes penne
- 1/3 C. oignon rouge haché
- 1 1/2 lb de poulet cuit haché
- 1/2 bouteille (8 oz) de vinaigrette César crémeuse, 1/2 tasse de poivron vert coupé en dés
- ou à déguster
- 2 œufs durs, hachés
- 1/3 C. de parmesan râpé

les directions

a) Cuire les pâtes selon les indications sur le paquet.
b) Obtenez un grand bol à mélanger : mélangez-y les pâtes, le poulet, le poivron vert, les œufs, le parmesan et l'oignon rouge.
c) Ajouter la vinaigrette et bien mélanger. Couvrez le bol et placez-le au réfrigérateur pendant 2 h 15

d) minutes. Rectifier l'assaisonnement de la salade et servir.
e) Profitez.

53. Filets de poulet et salade de farfalle

Portions : 6

Ingrédients

- 6 oeufs
- 3 oignons verts, tranchés finement
- 1 paquet (16 oz) de farfalle (nœud papillon)
- 1/2 oignon rouge, haché
- Pâtes
- 1/2 (16 oz.) bouteille de salade à l'italienne
- 6 filets de poulet
- pansement
- 1 concombre, tranché
- 4 cœurs de laitue romaine, tranchés finement
- 1 botte de radis, parés et tranchés
- 2 carottes, pelées et tranchées

Les directions:

a) Mettez les œufs dans une grande casserole et couvrez-les d'eau. Cuire les œufs à feu moyen jusqu'à ce qu'ils commencent à bouillir.

b) Éteignez le feu et laissez reposer les œufs pendant 16 minutes. Rincez les œufs avec de l'eau froide pour leur faire perdre de la chaleur.
c) Écalez les œufs et émincez-les puis mettez-les de côté.
d) Placer les filets de poulet dans une grande casserole. Couvrez-les avec 1/4 C. d'eau. Faites-les cuire à feu moyen jusqu'à ce que le poulet soit cuit.
e) Égouttez les filets de poulet et coupez-les en petits morceaux.
f) Obtenez un grand bol à mélanger : mélangez-y les pâtes, le poulet, les œufs, le concombre, les radis, les carottes, les oignons verts et l'oignon rouge. Ajouter la vinaigrette italienne et mélanger à nouveau.
g) Placer la salade au réfrigérateur pendant 1 h 15 minutes.
h) Déposer les cœurs de laitue dans des assiettes de service. Répartir la salade entre eux. Servez-les tout de suite.
i) Profitez.

54. Salade de pâtes aux linguines romano

Portions : 6

Ingrédients

- 1 paquet (8 oz) de pâtes linguine
- 1/2 cuillères à café de flocons de piment rouge
- 1 sac (12 oz) de bouquets de brocoli, coupés en bouchées - 1/4 cuillères à café de poivre noir moulu
- pièces de taille
- sel au goût
- 1/4 C. d'huile d'olive
- 4 cuillères à café d'ail haché
- 1/2 C. fromage romano finement râpé
- 2 cuillères à soupe de feuilles plates fraîches finement hachées
- persil

Les directions:

a) Cuire les pâtes selon les indications sur le paquet.
b) Porter une casserole d'eau à ébullition. Placez un cuiseur vapeur dessus. Y faire

cuire à la vapeur le brocoli avec le couvercle pendant 6 min
c) Placer une casserole à feu moyen. Y faire chauffer l'huile. Y faire revenir l'ail avec les flocons de piment pendant 2 minutes.
d) Prenez un grand bol à mélanger : transférez-y le mélange d'ail sauté avec les pâtes, le brocoli, le fromage Romano, le persil, le poivre noir et le sel. Mélangez-les bien.
e) Rectifier l'assaisonnement de la salade. Servez-le tout de suite.
f) Profitez.

## 55.	Salade de fusillis au cheddar

Portions : 10

Ingrédients

- 2 cuillères à soupe d'huile d'olive
- 6 oignons verts, hachés
- 1 cuillères à café de sel
- 3/4 C. de piments jalapeno marinés hachés
- 1 paquet (16 oz) de pâtes fusilli
- 1 boîte (2,25 oz) d'olives noires tranchées
- 2 lb de bœuf haché extra-maigre
- (optionnel)
- 1 paquet (1,25 oz) de mélange d'assaisonnements pour tacos
- 1 paquet (8 oz) de cheddar râpé
- 1 pot (24 oz) de salsa douce
- du fromage
- 1 bouteille (8 oz) de vinaigrette ranch
- 1 1/2 poivrons rouges, hachés

Les directions:

a) Placer une grande casserole à feu moyen. Remplissez-le d'eau et versez-y l'huile d'olive avec du sel.
b) Faites-le cuire jusqu'à ce qu'il commence à bouillir.
c) Ajouter les pâtes et faire bouillir pendant 10 minutes. Retirez-le de l'eau et mettez-le de côté pour l'égoutter.
d) Placer une grande casserole à feu moyen. Y faire revenir le boeuf pendant 12 minutes. Jeter l'excédent de graisse.
e) Ajouter l'assaisonnement pour tacos et bien mélanger. Mettez le mélange de côté pour perdre complètement la chaleur.
f) Obtenez un grand bol à mélanger : mélangez-y la salsa, la vinaigrette ranch, les poivrons, les oignons verts, les jalapenos et les olives noires.
g) Ajouter les pâtes avec le bœuf cuit, le fromage cheddar et le mélange de vinaigrette. Remuez-les bien.
h) Placez un morceau de film plastique sur le saladier. Placez-le au réfrigérateur pendant 1h15.

56. Salade de pâtes Penn crémeuse

Portions : 10

Ingrédients

- 1 (16 oz.) boîte de mini pâtes penne
- 1/3 C. oignon rouge haché
- 1 1/2 lb de poulet cuit haché
- 1/2 bouteille (8 oz) de vinaigrette César crémeuse, 1/2 tasse de poivron vert coupé en dés
- ou à déguster
- 2 œufs durs, hachés
- 1/3 C. de parmesan râpé

Les directions:

a) Cuire les pâtes selon les indications sur le paquet.
b) Obtenez un grand bol à mélanger : mélangez-y les pâtes, le poulet, le poivron vert, les œufs, le parmesan et l'oignon rouge.
c) Ajouter la vinaigrette et bien mélanger. Couvrez le bol et placez-le au réfrigérateur pendant 2 h 15

d) minutes. Rectifier l'assaisonnement de la salade et servir.
e) Profitez.

57.   Salade de feta et dinde rôtie

Portions : 8

Ingrédients

- 1 1/2 C. d'huile d'olive
- 3 C. de pâtes penne cuites
- 1/2 C. de vinaigre de vin rouge
- 1 pinte de tomates raisins, coupées en deux
- 1 cuillères à soupe d'ail frais haché
- 8 onces. fromage feta émietté
- 2 cuillères à café de feuilles d'origan séchées
- 1 paquet (5 oz) de mélange de laitue printanière
- 3 C. Butterball(R) Golden Oven Rôti
- 1/2 C. persil italien haché
- Poitrine de dinde, tranchée épaisse et coupée en cubes
- 1/2 C. oignons rouges tranchés finement
- 1 pot (16 oz) d'olives Kalamata dénoyautées,
- égoutté, haché

Les directions:

a) Procurez-vous un petit bol à mélanger : mélangez-y l'huile d'olive, le vinaigre, l'ail et l'origan. Bien mélanger pour faire la vinaigrette.
b) Procurez-vous un grand bol à mélanger : versez-y le reste des ingrédients. Ajoutez la vinaigrette et mélangez-les à nouveau. Rectifiez l'assaisonnement de la salade puis servez-la.
c) Profitez.

58. Thon aux noix et salade de pâtes

Portions : 6

Ingrédients

- 1 tête de brocoli, séparée en bouquets
- 8 grosses olives noires, tranchées
- 1 lb de pâtes penne
- 1/2 C. morceaux de noix, grillés
- 1 lb de steaks de thon frais
- 4 gousses d'ail, hachées
- 1/4 C. d'eau
- 2 cuillères à soupe de persil frais haché
- 2 cuillères à soupe de jus de citron frais
- 4 filets d'anchois, rincés
- 1/4 C. de vin blanc
- 3/4 C. d'huile d'olive
- 4 tomates moyennes, coupées en quartiers
- 1 lb de fromage mozzarella, coupé en dés

Les directions:

a) Cuire les pâtes selon les indications sur le paquet.
b) Porter à ébullition une casserole d'eau salée. Y faire cuire le brocoli pendant 5

minutes. Retirez-le de l'eau et mettez-le de côté.

c) Placer une grande casserole à feu moyen. Incorporez-y le thon dans un bol avec de l'eau, du vin blanc et du jus de citron. mettre le couvercle et cuire jusqu'à ce que le saumon soit cuit pendant environ 8 à 12 minutes.

d) Paner les filets de saumon en morceaux.

e) Obtenez un grand bol à mélanger : mélangez-y le saumon cuit avec le brocoli, les penne, le poisson, les tomates, le fromage, les olives, les noix, l'ail et le persil. Mélangez-les bien.

f) Placer une grande poêle à feu moyen. Y faire chauffer l'huile. Couper les anchois en petits morceaux. Faites-les cuire dans la poêle chauffée jusqu'à ce qu'ils fondent dans l'huile.

g) Incorporer le mélange à la salade de pâtes et bien mélanger. Servez immédiatement votre salade de pâtes.

59.   Salade de rotini Kalamata

Portions : 10

Ingrédients

- 1 paquet (12 oz) de rotini tricolore
- 4 tomates Roma, coupées en dés
- Pâtes
- 1 pot (12 oz) séché au soleil et emballé dans de l'huile
- 1 petite tête de brocoli, coupée en petits
- tomates, égouttées, coupées en lanières
- fleurons
- 1 petite courgette, hachée
- 1/2 cuillères à café d'ail haché
- 1 petit concombre, haché
- 1 petit oignon rouge, coupé en dés
- 1 petit poivron jaune, haché
- 1 bocal de 12 oz de cœurs d'artichauts marinés,
- 2 avocats mûrs
- égoutté et haché
- 1 bouteille (16 oz) de salade de vinaigrette grecque
- 1 pot (12 oz) d'olives Kalamata dénoyautées,

- pansement
- découpé en tranches
- 1 pot (8 oz) de poivrons rouges rôtis,
- égoutté, coupé en lanières

Les directions:

a) Cuire les pâtes selon les indications sur le paquet.
b) Porter une grande casserole d'eau à ébullition. Placez un cuiseur vapeur dessus. Faites-y cuire le brocoli pendant 5 min avec le couvercle.
c) Nettoyez le brocoli avec de l'eau froide et égouttez-le. Hachez-le et mettez-le de côté. Procurez-vous un grand bol à mélanger :
d) Mélangez-y le brocoli avec les pâtes, l'ail, l'oignon rouge, les cœurs d'artichauts, les olives Kalamata, les poivrons rouges rôtis, les tomates Roma, les tomates séchées au soleil, les courgettes, le concombre et le poivron jaune. Mélangez-les bien.
e) Prenez un petit bol à mélanger : écrasez-y l'avocat jusqu'à ce qu'il devienne lisse. Ajouter la vinaigrette grecque et bien

mélanger jusqu'à ce qu'ils deviennent crémeux pour faire la vinaigrette.
f) Ajouter la vinaigrette à l'avocat à la salade et bien mélanger. Rectifiez l'assaisonnement de la salade et mettez-la au réfrigérateur jusqu'au moment de servir. Profitez.

60. Salade de pâtes au gorgonzola

Portions : 8

Ingrédients

- 1 paquet (16 oz) de pâtes penne
- 1/2 C. d'huile de colza
- 2 cuillères à soupe d'huile de colza
- 1/4 C. d'huile de noix
- 2 C. épinards frais - rincés, séchés et déchirés en bouchées
- 1/3 C. de vinaigre de champagne
- 2 cuillères à soupe de miel
- 1 petit poivron vert, coupé en morceaux de 1 pouce
- 2 C. fromage Gorgonzola émietté
- 1 C. de noix hachées
- 1 petit poivron rouge, coupé en 1 pouce
- pièces
- 1 petit poivron jaune, coupé en 1
- morceaux de pouce

Les directions:

a) Cuire les pâtes selon les indications sur le paquet.
b) Placer une grande casserole à feu moyen. Y faire cuire les épinards avec un trait

d'eau pendant 2 à 3 min ou jusqu'à ce qu'ils ramollissent.

c) Prenez un grand bol à mélanger : mélangez-y les épinards, le poivron vert, le poivron rouge, le poivron jaune et les pâtes refroidies.

d) Prenez un petit bol à mélanger : mélangez-y la 1/2 C. d'huile de canola, d'huile de noix, de vinaigre et de miel. Mélangez-les bien.

e) Verser la vinaigrette sur la salade de pâtes. Garnir de noix et de gorgonzola puis servir.

61. Salade de pâtes au gorgonzola et aux noix

Portions : 8

Ingrédients

- 2 lb de pointes de surlonge, coupées en cubes
- 1/2 C. de vin rouge
- 1/2 oignon jaune, haché
- 1 paquet (1,25 oz.) de mélange de bœuf avec soupe à l'oignon 2 (10,75 oz.) boîtes de crème concentrée de
- 2 paquets (16 oz) de nouilles aux œufs
- soupe aux champignons
- 1 cc de lait

Les directions:

a) Chauffer une grande poêle à feu moyen-élevé et faire sauter le boeuf et l'oignon pendant environ 5
b) minutes.
c) Pendant ce temps, dans un bol, mélanger la soupe aux champignons, le vin, le lait et le mélange à soupe.
d) Placer le mélange dans la poêle et porter à ébullition.

e) Réduire le feu à doux et laisser mijoter, couvert pendant environ 2 heures.
f) Réduire le feu à son réglage le plus bas et laisser mijoter à couvert pendant environ 4 heures.
g) Dans une grande casserole d'eau bouillante légèrement salée, faire cuire les nouilles aux œufs environ 5 minutes.
h) Bien égoutter.
i) Placer le mélange de bœuf sur les nouilles et servir.

NOUILLES DE PÂTES

62. Nouilles dessert italiennes

Portions : 15

Ingrédients

- 1 paquet (12 oz) de nouilles aux œufs larges
- 1 cuillères à café de sel
- 1/2 C. de beurre, fondu
- 4 oeufs, battus
- 3/4 C. de sucre blanc
- 1/4 cuillères à café de cannelle moulue
- 3/4 C. de raisins secs
- 3/4 C. de pacanes hachées grossièrement

les directions

a) Réglez votre four à 375 degrés F avant de faire quoi que ce soit d'autre et graissez uniformément un plat allant au four de 12 x 8 pouces avec du beurre fondu.
b) Dans une grande casserole d'eau bouillante légèrement salée, faire cuire les nouilles aux œufs pendant environ 8 à 10 minutes.
c) Bien égoutter.

d) Dans un grand bol, mélanger le reste du beurre, les nouilles, les œufs, les pacanes, les raisins secs, le sucre et le sel.
e) Transférer le mélange dans le plat de cuisson préparé et saupoudrer de cannelle.
f) Cuire le tout au four environ 55 minutes.

63. Nouilles Aux Oeufs Hongrois

Portions : 6

Ingrédients

- 1 paquet (8 oz) de nouilles fines aux œufs
- 2 cuillères à soupe de graines de pavot
- 2 C. de fromage blanc
- 1 cuillères à café de sel
- 2 C. de crème sure
- 1 cuillères à soupe de parmesan râpé
- 1/2 C. oignons hachés
- 1 pincée de paprika moulu
- 2 cuillères à soupe de sauce Worcestershire

les directions

a) Réglez votre four à 350 degrés F avant de faire quoi que ce soit d'autre et graissez une grande casserole.
b) Dans une grande casserole d'eau bouillante légèrement salée, faire cuire les nouilles aux œufs environ 5 minutes en remuant de temps en temps.
c) Bien les égoutter et garder le tout de côté.

d) Dans un grand bol, ajouter les nouilles et le reste des ingrédients sauf le parmesan et le paprika et bien mélanger.
e) Transférer uniformément le mélange dans la cocotte préparée et garnir de parmesan et de paprika.
f) Cuire le tout au four pendant environ 30 minutes Egg Noodles Hongrois

64. Nouilles pennsylvaniennes

Portions : 4

Ingrédients

- 8 onces. nouilles aux oeufs larges
- 1/4-1/2 C. de beurre salé

les directions

a) Dans une grande casserole d'eau bouillante, préparer les nouilles aux œufs selon les instructions de l'emballage.
b) Bien égoutter et transférer dans un grand bol.
c) Pendant ce temps, dans une petite poêle, ajouter le beurre et faire fondre en remuant jusqu'à ce que le beurre commence à brunir.
d) Verser le beurre fondu, le sel et le poivre noir et remuer pour bien enrober.

65. Soupe aux nouilles vikings

Portions : 4

Ingrédients

- 2 cuillères à café d'huile d'olive ou 2 cuillères à café d'huile végétale
- 1/2 cuillères à café de sel
- 2 poireaux, nettoyés et hachés
- 1/4 cuillères à café de poivre noir fraîchement moulu
- 2 carottes, pelées et hachées
- 8 C. réduit-
- 1 gousse d'ail, hachée
- bouillon de poulet
- 1 branche de céleri, hachée
- 6 onces. nouilles aux œufs, non cuites
- 3 -4 C. dinde cuite, effilochée
- 1 c. de pois verts surgelés
- 2 -3 feuilles de laurier
- 2 cuillères à soupe de feuilles de persil frais, hachées
- 2 cuillères à café de thym séché

les directions

a) Dans une grande poêle, chauffer l'huile à feu moyen, faire revenir les carottes, le céleri, les poireaux et l'ail environ 4 minutes.
b) Incorporer la dinde, le thym, les feuilles de laurier et le poivre noir.
c) Ajouter le bouillon et porter à ébullition.
d) Réduire le feu à moyen-doux et laisser mijoter, partiellement couvert pendant environ 10 minutes.
e) Découvrir et porter à nouveau à ébullition, puis incorporer les nouilles.
f) Laisser mijoter environ 10 minutes.
g) Incorporer les pois et laisser mijoter environ 1 minute.
h) Retirez le tout du feu et jetez les feuilles de laurier.
i) Incorporer le persil et servir.

66. Nouilles aux œufs en Allemagne

Portions : 6

Ingrédients

- sel casher
- 3 cuillères à soupe de persil plat, haché
- 1 paquet (12 oz) de nouilles aux œufs larges
- poivre noir fraîchement moulu
- 4 à 6 cuillères à soupe de beurre non salé froid, coupé en morceaux

les directions

a) Dans une grande casserole d'eau bouillante légèrement salée, faire cuire les nouilles aux œufs environ 5 minutes en remuant de temps en temps.
b) Bien égoutter en réservant 1/4 C. du liquide de cuisson.
c) Dans une poêle moyenne, ajouter le liquide de cuisson chaud réservé à feu doux.
d) Lentement, ajouter le beurre en battant continuellement jusqu'à ce qu'une sauce crémeuse se forme.

e) Incorporer le persil, le sel et le poivre noir.
f) Ajouter les nouilles et mélanger pour bien les enrober.
g) Sers immédiatement.

67. Nouilles italiennes aux croûtons

Portions : 4

Ingrédients

- 12 onces. nouilles aux oeufs
- 1 pincée de sel
- 1/2 C. de beurre non salé
- 1/4 cuillères à café de poivre
- 2 tranches de pain blanc

les directions

a) Dans une grande casserole d'eau bouillante, préparer les nouilles aux œufs selon les instructions de l'emballage.
b) Pendant ce temps pour les croûtons dans une petite poêle, faire fondre le beurre à feu moyen et cuire les morceaux de pain jusqu'à ce qu'ils soient légèrement croustillants.
c) Incorporer le sel et le poivre noir et retirer le tout du feu.
d) Dans un bol de service, mélanger les nouilles et les croûtons et servir les nouilles italiennes avec croûtons

68. Pâtisserie de nouilles mexicaines

Portions : 4

Ingrédients

- 1 paquet (8 oz) de nouilles aux œufs larges
- sauce
- 1 lb de boeuf haché maigre
- 1/8 cuillères à café de poivre
- 6 oignons verts, tranchés
- 1 paquet (8 oz) de fromage ricotta
- 2 grosses gousses d'ail, hachées
- 1 c. de crème sure
- 3/4 cuillères à café de sel, divisé
- 1/2 C. de parmesan râpé
- 1 pot (26 oz) de pâtes aux tomates et au basilic

les directions

a) Réglez votre four à 350 degrés F avant de faire quoi que ce soit d'autre et graissez légèrement un grand plat allant au four.
b) Chauffez une grande poêle à feu moyen-élevé et faites cuire le bœuf avec les

oignons verts, l'ail et 1/2 cuillères à café de sel jusqu'à ce que le bœuf soit complètement doré.
c) Égoutter l'excédent de graisse de la poêle.
d) Incorporer la sauce pour pâtes et le poivre noir et réduire le feu.
e) Laisser mijoter à couvert environ 20 minutes.
f) Pendant ce temps cuire les nouilles selon les indications du paquet.
g) Bien égoutter et transférer dans un grand bol avec 1 C. de la crème sure, la ricotta et le sel restant, puis bien mélanger.
h) Placer la moitié du mélange de nouilles au fond du plat de cuisson préparé, suivi de la moitié du mélange de bœuf.
i) Répétez les couches et faites cuire le tout au four pendant environ 25 minutes.
j) Saupoudrez de parmesan et faites cuire le tout au four environ 5 minutes de plus.

69.   Nouilles Feta au beurre

Portions : 6

Ingrédients

- 1 lb de nouilles aux œufs séchées
- 1/2 C. de beurre
- 6 onces. Feta grecque, émiettée

les directions

a) Préparez les nouilles aux œufs selon les instructions du paquet (faites bouillir pendant 5 minutes).
b) Dans une petite casserole, faire fondre le beurre à feu doux environ 6 minutes puis retirer le tout du feu.
c) Dans un grand plat, déposer environ 1/3 des nouilles et garnir avec 1/3 de la feta
d) Répétez les couches deux fois et garnissez le tout avec le beurre, le sel et le poivre noir et mélangez pour bien enrober.

70. Sauté indonésien

Portions : 4

Ingrédients

- 2 paquets (3 oz) de nouilles ramen
- 2 cuillères à soupe d'huile
- aérosol de cuisson
- 2 C. de poitrines de poulet cuites

Pour la sauce

- 2 cuillères à soupe de sambal oelek ou sriracha
- 1 C. carotte, coupée en allumettes
- 2 cuillères à soupe de vinaigre de riz
- 1/4 lb de pois sucrés frais, parés
- 2 cuillères à soupe de sucre
- chaîne supprimée
- 2 cuillères à soupe de sauce soja
- 5 oignons verts, tranchés
- 3 cuillères à soupe d'eau
- 1 C. cacahuètes, hachées (divisées)
- 1 cuillères à café de jus de citron vert
- 1 boîte (14 oz) de germes de soja, rincés et
- 1 cuillères à café de sauce de poisson thaï

- 1/4 cuillères à café d'huile de sésame
- 1 cuillères à café d'ail haché
- 1 cuillères à soupe de fécule de maïs
- 2 oeufs

les directions

a) Casser chaque carré de nouilles ramen en 4 portions.
b) Dans une casserole d'eau bouillante salée, cuire les nouilles environ 2-3 minutes.
c) Égouttez les nouilles et rincez-les sous l'eau froide. Encore une fois, bien égoutter.
d) Dans un bol, ajouter tous les ingrédients de la sauce et mélanger jusqu'à ce qu'ils soient bien mélangés.
e) Chauffer une grande poêle graissée à feu moyen-vif.
f) Casser les œufs et cuire jusqu'à ce qu'ils soient juste cuits, en remuant continuellement.
g) Transférer les œufs brouillés dans une assiette et réserver.
h) Avec les serviettes en papier, essuyez la poêle.

i) Dans la même poêle, chauffer l'huile de cuisson et faire sauter les carottes et les pois sucrés pendant environ 2-3 minutes.

j) Ajouter les oignons verts et les 2/3 des cacahuètes et faire revenir environ 1 minute.

k) Ajouter les germes de soja et l'ail et faire sauter pendant environ 1 minute.

l) À l'aide d'une cuillère, poussez tous les ingrédients vers les bords extérieurs de la poêle.

m) Ajouter les nouilles ramen et faire sauter pendant environ 1 minute.

n) Ajouter le mélange de poulet et de sauce et cuire jusqu'à ce qu'il soit bien chaud.

o) Incorporer les œufs brouillés et cuire jusqu'à ce qu'ils soient bien chauds.

p) Servir avec une garniture des cacahuètes restantes.

71.   Pizzas Ramen Américaines

Portions : 4

Ingrédients

- 6 onces. nouilles ramen, n'importe quelle saveur
- 1/2 C. de lait
- olives noires (facultatif)
- 1 oeuf, battu
- champignon (facultatif)
- 1/4 C. Parmesan, râpé
- tranches de jalapeño en conserve (facultatif)
- 1 c. de sauce barbecue (au choix)
- poivron (facultatif)
- 1 C. de poulet cuit, haché
- flocons de piment rouge (facultatif)
- 1/2 oignon rouge, tranché finement
- 11 onces. mandarines, bien égouttées

les directions

a) Réglez votre four à 350 degrés F avant de faire quoi que ce soit d'autre et tapissez une plaque à pizza avec un morceau de papier d'aluminium graissé.

b) Dans une casserole d'eau bouillante salée, faire cuire les nouilles ramen environ 2-3 minutes.
c) Égoutter les nouilles.
d) Pendant ce temps, dans un bol, ajouter l'œuf, le lait et le parmesan et battre jusqu'à ce que le tout soit bien mélangé.
e) Ajouter les nouilles et remuer pour combiner.
f) Placer uniformément le mélange de nouilles dans le moule préparé. F
g) Cuire au four environ 10 minutes.
h) Retirer la poêle du four et étendre la sauce barbecue sur les nouilles, suivie du poulet, des oignons et des oranges.
i) Saupoudrer uniformément de fromage mozzarella.
j) Cuire au four environ 10-15 minutes.
k) Retirer du four et réserver environ 5 minutes avant de trancher.

72. Deli Ramen

Portions : 1

Ingrédients

- 1 paquet (3 oz) de nouilles ramen à saveur de poulet
- 3 à 4 fines tranches de dinde, coupées en bouchées
- 1/4 C. fromage cheddar, râpé
- 1 C d'eau

les directions

a) Dans une casserole, ajouter 1 C. d'eau et les nouilles et porter à ébullition.
b) Placer les morceaux de dinde sur les nouilles et retirer du feu.
c) Ajouter le sachet d'assaisonnement et remuer pour bien mélanger.
d) Saupoudrer de fromage et réserver de côté, couvert jusqu'à ce que le fromage soit fondu.
e) Sers immédiatement.

73. Tilapia thaï doux

Portions : 4

Ingrédients

- 2 1/2 oz. nouilles ramen, cassées en
- pièces
- 1 poivron rouge, coupé en lanières
- 1 poivron vert, coupé en lanières
- 1 oignon moyen, coupé en lanières
- 2 cuillères à soupe de sauce chili douce thaïlandaise
- 3 filets de tilapia, coupés en morceaux
- 1 cuillères à soupe d'huile
- chapelure, pour poisson

les directions

a) Préparez les nouilles ramen selon les instructions du paquet.
b) Égoutter les nouilles et réserver de côté.
c) Faites chauffer une poêle légèrement graissée et faites revenir les poivrons et les oignons jusqu'à ce qu'ils soient tendres.

d) Ajouter les nouilles et remuer pour combiner.
e) Enrober uniformément les morceaux de tilapia de chapelure.
f) Dans une friteuse, chauffer l'huile à 350 degrés et faire frire les morceaux de tilapia jusqu'à ce qu'ils soient dorés.
g) Transférer les morceaux de tilapia sur une assiette tapissée de papier absorbant pour égoutter 8. Ajouter les morceaux de tilapia et la sauce chili dans le mélange de nouilles et remuer pour combiner.

74. Ramen au piment rouge et canard

Portions : 4

Ingrédients

- 5 C. d'eau
- 4 C. de bouillon de poulet
- germes de soja, pour garnir
- 2 piments rouges, épépinés et coupés en deux
- Chili rouge, pour garnir
- 8 tranches de gingembre
- coriandre, pour garnir (coriandre)
- 3 cuillères à soupe de jus de citron
- 3 bottes de bok choy (facultatif)
- 3 tiges de citronnelle, écrasées
- sel
- 2 brins de coriandre
- poivre blanc
- 1 canard au barbecue chinois, désossé et haché
- 4 échalotes, hachées
- 150 g de nouilles ramen séchées

les directions

a) Dans une casserole, ajouter le bouillon et l'eau et chauffer jusqu'à ce que le liquide mijote.
b) Ajouter le galanga, les piments, le jus de citron vert, les tiges de citronnelle et la coriandre et laisser mijoter environ 20 minutes.
c) À travers une passoire, filtrer le liquide et remettre dans la casserole.
d) Ajouter le canard et les échalotes et porter à ébullition.
e) Pendant ce temps, dans une autre casserole d'eau bouillante salée, faire cuire les nouilles ramen; cuire, environ 3-5 minutes.
f) Égoutter les nouilles
g) Ajouter les nouilles et le bok choy dans le bouillon de soupe et laisser mijoter environ 5 minutes.
h) Saler et poivrer et retirer du feu.
i) Répartir la soupe dans des bols de service et servir chaud avec une garniture de germes de soja, de lanières de piment et de coriandre.

75. Nouilles de Tokyo complexes

Portions : 4

Ingrédients

- 1 lb d'ailes de poulet
- 2 cuillères à soupe de sauce soja
- 12 c. de bouillon de volaille
- 1 cuillères à café de sucre
- 1 cuillère à soupe d'huile de sésame grillé
- 1/4 C. Pâte de sésame japonaise
- 2 cuillères à soupe d'oignons verts, hachés finement
- 1 cuillère à soupe de pâte de sésame japonaise
- 1/2 pouce de morceau de gingembre, finement haché
- 2 cuillères à café de sel casher
- 1 gousse d'ail, hachée finement
- 1 lb de nouilles ramen fraîches
- 1/2 lb de boeuf haché
- 1 cuillères à soupe de sauce chili japonaise aux haricots
- 1/4 C. oignon vert, tranché finement

les directions

a) Dans une casserole de 8 pintes, ajouter les ailes et suffisamment de bouillon pour couvrir à feu moyen et porter à ébullition.
b) Cuire environ 3-3 1/2 heures, en écumant la mousse de temps en temps.
c) Retirer du feu et à travers une passoire fine, filtrer le mélange dans un grand bol.
d) Jeter les solides et réserver le bouillon.
e) Dans une poêle de 12 pouces, chauffer l'huile à feu moyen-élevé et cuire les oignons verts hachés, l'ail et le gingembre pendant environ 2 minutes, en remuant de temps en temps.
f) Ajouter le boeuf et le tobanjan et cuire environ 3-4 minutes jusqu'à ce que le boeuf soit cuit.
g) Ajouter le bouillon réservé, le sucre, la sauce soja, la pâte de sésame et le sel et porter à ébullition.
h) Réduire le feu à moyen et cuire environ 3 minutes en remuant continuellement.
i) Retirer du feu et réserver de côté, couvert.
j) Pendant ce temps, dans une casserole d'eau bouillante salée, faire cuire les nouilles ramen environ 2-3 minutes.

k) Égouttez les nouilles et répartissez-les dans 4 bols de service profonds et recouvrez de bouillon chaud.
l) Servir avec une garniture d'oignons verts.

76. Dîner Saté au Boeuf

Portions : 4

Ingrédients

Pour la marinade

- 2 cuillères à soupe de sauce soja
- 1 cuillère à café de gingembre frais, râpé et pelé
- 2 cuillères à soupe de jus de citron vert
- 1/3 C. de beurre de cacahuète crémeux
- 1 1/2 cuillères à café de sucre
- 1/3 C. d'eau
- 1 1/2 cuillères à café de gingembre frais, râpé, pelé
- 1 cuillères à soupe de sauce soja
- 1 gousse d'ail, râpée (facultatif)
- 1/4 cuillères à café de flocons de piment rouge (facultatif)
- 1/4 cuillères à café de flocons de piment rouge (facultatif)

Pour les ramens

- 2 lb de biftecks de flanc, tranchés finement

- 1/4 C. cacahuètes grillées, hachées
- 3 oignons verts, tranchés

Pour la sauce cacahuète

- huile végétale, pour grillades
- 1 cuillère à soupe de jus de citron vert
- 2 paquets (3 oz) de nouilles ramen, cuites
- 1 cuillères à café de sucre

les directions

a) Réglez votre gril à feu moyen-élevé et graissez légèrement la grille du gril.
b) Faire tremper 12 brochettes en bois dans l'eau pendant environ 15 minutes.
c) Dans un plat peu profond, mélanger 2 cuillères à soupe de chaque sauce soja et jus de citron vert et 1 1/2 cuillères à café de sucre et de gingembre et 1/4 cuillères à café de flocons de piment rouge.
d) Ajouter le bœuf et remuer pour enrober. Réserver environ 10 minutes.
e) Pendant ce temps, dans un mélangeur, ajouter les 1 cuillères à soupe restantes de jus de citron vert, 1 cuillères à café

de sucre, 1 cuillères à café de gingembre, le beurre de cacahuète, 1/3 C. de l'eau et la sauce soja et mélanger jusqu'à ce que le tout soit bien mélangé.

f) Transférer le mélange dans un bol avec les cacahuètes hachées, les oignons verts et 1/4 cuillères à café de flocons de piment rouge et remuer pour combiner.
g) Ajouter les nouilles ramen et mélanger pour enrober.
h) Enfiler le bœuf sur des brochettes et cuire sur le gril environ 3-4 minutes de chaque côté.
i) Servir les brochettes de bœuf avec le mélange de nouilles ramen.

77. Ramen frit et oeufs

Portions : 8

Ingrédients

- 3 paquets (3 oz) de ramen à saveur de poulet 2 cuillères à soupe de nouilles au gingembre moulues
- 8 œufs, bien battus
- 3 cuillères à soupe de sauce soja
- 1 cuillère à soupe de sauce teriyaki
- 1 cuillères à soupe de vinaigre de riz
- 1 cuillères à soupe d'huile de sésame
- 4 cuillères à soupe d'huile d'olive
- 1 cuillère à soupe de graines de sésame

les directions

a) Préparez les nouilles ramen selon les instructions du paquet.
b) Bien égoutter et réserver.
c) Dans un bol, ajouter les œufs et battre jusqu'à ce qu'ils soient d'une couleur jaune foncé.
d) Ajouter la sauce teriyaki, la sauce soja, le vinaigre de riz et l'huile de sésame et

battre jusqu'à ce que le tout soit bien mélangé.
e) Dans une grande poêle, faire chauffer l'huile d'olive.
f) Ajouter les nouilles ramen et placer uniformément le mélange d'œufs sur les nouilles.
g) Saupoudrer de graines de sésame et de racine de gingembre moulue et faire sauter jusqu'à ce qu'ils soient dorés.
h) Servir chaud.

78. Nouilles aux œufs à la thaïlandaise

Portions : 6

Ingrédients

- 4 œufs
- 1 (10 oz.) paquet congelé décortiqué
- 1 cuillères à soupe de sauce soja
- edamame (soja vert)
- 1 cuillères à soupe d'huile de sésame
- 1 paquet (16 oz) de nouilles aux œufs
- huile de canola
- 1/2 C. de lait de soja non sucré
- 1 paquet (12 oz.) de tofu extra-ferme,
- 1/2 C. de beurre de cacahuète
- cube
- 1/4 C. de lait de coco allégé
- 2 c. de champignons frais tranchés
- 1 cuillères à café de tahini
- 2 C. bouquets de brocoli
- 1/4 C. de noix de cajou hachées

les directions

a) Réglez votre four à 350 degrés F avant de faire quoi que ce soit d'autre.

b) Dans un bol, mélanger la sauce soja et les œufs.
c) Faites chauffer une poêle antiadhésive à feu moyen et faites cuire le mélange d'œufs pendant environ 3 à 5 minutes.
d) Transférer les œufs cuits sur une planche à découper et les hacher. Dans une grande poêle, chauffer les deux huiles à feu moyen et cuire le tofu pendant environ 8 à 10 minutes.
e) Transférer le tofu dans un bol. Dans la même poêle, ajouter le brocoli et les champignons et cuire environ 5-7 minutes. Dans un plat allant au four, placez les noix de cajou et faites-les cuire au four environ 8-12 minutes. Dans un bol allant au micro-ondes, placez les edamames et passez-les au micro-ondes, à couvert, pendant environ 1 à 2 minutes.
f) Dans une grande casserole d'eau bouillante légèrement salée, faire cuire les nouilles aux œufs environ 8 minutes.
g) Bien les égoutter et garder le tout de côté.
h) Dans une grande casserole, mélanger le reste des ingrédients à feu moyen et

cuire, en remuant continuellement, pendant environ 2 à 4 minutes.
i) Ajouter les nouilles, le tofu, les œufs hachés, le mélange d'edamame et de brocoli et mélanger.
j) Servir avec une garniture de noix de cajou grillées.

PÂTES GNOCCHIS

79.   Gnocchi Pennsylvanien Backroad

Portions : 4

Ingrédients:

- 1/2 C. de parmesan fraîchement râpé,
- 1 courgette, hachée
- divisé
- 12 champignons frais, nettoyés et équeutés
- 1 cuillère à café d'huile d'olive
- taillé
- 2 cuillères à soupe de pignons de pin
- 12 tomates raisins
- 1 16 onces. paquet de gnocchis de pommes de terre
- 10 feuilles de basilic frais déchirées
- 2 cuillères à soupe d'huile d'olive, divisée

Les directions:

a) Graisser une poêle antiadhésive avec l'aérosol de cuisson et chauffer à feu moyen-doux. Ajouter environ 2 cuillères à soupe de parmesan dans la poêle et cuire jusqu'à ce que le fromage fonde en un cercle fin pendant environ 1 minute.

b) Soigneusement, retourner le croustillant et cuire environ 30 secondes.
c) Transférer le croustillant dans une assiette et réserver au frais.
d) Faire 3 autres chips au fromage de la même manière.
e) Dans une poêle, faites chauffer 1 cuillère à café d'huile d'olive à feu moyen et faites cuire les pignons de pin environ 3
f) minutes. Transférer les pignons de pin dans une assiette et réserver. Préparez les gnocchis selon les indications du paquet.
g) Dans une passoire, égoutter les gnocchis.
h) Dans une grande poêle, chauffer 1 cuillère à soupe d'huile d'olive à feu vif et saisir les courgettes environ 2 minutes. Transférer les pignons de pin dans une assiette et réserver.
i) Réduire le feu à moyen et cuire les champignons environ 5 minutes. Égoutter les jus de la poêle.
j) Dans la même poêle, ajouter les courgettes cuites, les tomates, les feuilles de basilic déchirées, les pignons de pin grillés, les gnocchis égouttés et les

1 cuillères à soupe d'huile d'olive restantes et cuire jusqu'à ce que le tout soit complètement chaud.
k) Répartir les gnocchis dans des assiettes de service et servir avec une garniture de croustillant au parmesan

80. Gnocchis à la sauge et au mascarpone

Portions : 12

Ingrédients

- 1 lb de courge musquée
- 1/2 C. de beurre non salé
- 1 C. de fromage mascarpone
- 1 pincée de piment de Cayenne
- 1/2 C. Parmigiano-Reggiano finement râpé
- sel et poivre noir moulu au goût
- du fromage
- 1/4 C. feuilles de sauge fraîche finement tranchées
- 2 gros œufs
- 1 cuillère à soupe de Parmigiano-Reggiano finement râpé
- 1 1/2 cuillères à café de sel
- du fromage
- 1/2 cuillères à café de poivre noir moulu
- 1 c. de farine tout usage, divisée

Les directions:

a) Coupez la tige de la courge musquée et coupez-la en deux dans le sens de la longueur.

b) Dans un plat allant au micro-ondes, déposer la courge musquée.
c) Avec une pellicule plastique, couvrir le plat et cuire au micro-ondes pendant environ 8 minutes.
d) Transférer la courge sur une assiette tapissée de papier absorbant pour refroidir, puis retirer la peau.
e) Dans un bol, ajouter le fromage mascarpone, 1/2 C. du fromage Parmigiano-Reggiano, les œufs, le sel et le poivre noir et battre jusqu'à consistance lisse.
f) Ajouter la courge musquée et battre jusqu'à ce qu'elle soit bien mélangée.
g) Ajouter 1/2 C. de farine et battre jusqu'à ce qu'ils soient juste combinés.
h) Ajouter le 1/2 C restant de la farine et remuer jusqu'à ce qu'il soit juste combiné.
i) Réfrigérer, couvert pendant au moins 8 heures.
j) Dans une grande casserole, ajouter l'eau salée et porter à ébullition.
k) Dans une grande poêle antiadhésive, faire fondre environ 1/3 du beurre et retirer du feu.

l) Prendre environ 1 1/2 cuillères à café de pâte de courge et avec une deuxième cuillère, pousser la pâte et la placer dans l'eau bouillante.
m) Répéter avec la pâte restante par lots.
n) Lorsque les gnocchis remontent à la surface de l'eau, cuire 1 minute de plus.
o) A l'aide d'une écumoire, transférer les gnocchis dans la poêle du beurre fondu.
p) Placer la poêle sur feu moyen-vif et cuire les gnocchis environ 3 minutes.
q) Saupoudrer de poivre de Cayenne, de sel et de poivre noir.
r) Retourner les gnocchis et incorporer les feuilles de sauge.
s) Cuire environ 2-3 minutes.
t) Transférer les gnocchis dans une assiette et arroser de beurre noisette de la poêle.
u) Servir avec une garniture de 1 cuillères à soupe de fromage Parmigiano-Reggiano.

81. Gnocchi japonais de Yuki

Portions : 8

Ingrédients

- 2 c. de purée de pommes de terre
- sel et poivre au goût
- 3/4 C. pois verts surgelés, décongelés
- 1 œuf large
- 2 cuillères à café d'ail haché
- 2 C. de farine tout usage, divisée
- 1 cuillères à café de racine de gingembre frais hachée
- 1 cuillères à café de pâte de wasabi

Les directions:

a) Dans un robot culinaire, ajouter les pommes de terre, les pois, l'ail, le gingembre, le wasabi, le sel et le poivre et mélanger jusqu'à consistance lisse.
b) Ajouter l'œuf et pulser jusqu'à ce que l'œuf soit juste combiné.
c) Ajouter 1 C. de farine et pulser jusqu'à ce qu'ils soient juste combinés.
d) Transférer le mélange de pommes de terre dans un bol.

e) Lentement, ajouter le reste C. de la farine dans le mélange et mélanger jusqu'à ce qu'une pâte collante se forme.
f) Avec une pellicule plastique, couvrir le bol et réfrigérer jusqu'à refroidissement.
g) Placer environ 1/2 C. de la pâte sur une surface bien farinée et rouler en une corde de 1/2 pouce.
h) Avec un couteau fariné, couper la corde en segments de 1 pouce.
i) Répéter avec le reste de pâte.
j) Dans une grande casserole d'eau bouillante légèrement salée, cuire les gnocchis par lots pendant environ 3 minutes.
k) Bien égoutter et servir.

82. Gnocchis au fromage cuits au four

Rendement : 50 portions

Ingrédients

- 3 litres d'eau
- 9 tasses de lait
- 2 cuillères à soupe de sel casher
- 1 cuillère à café de muscade fraîchement râpée
- 6 tasses de semoule de maïs jaune
- 1 tasse de beurre non salé
- 3 tasses de parmesan
- ¾ tasse de bacon cuit
- ¾ tasse de persil
- ⅓ tasse d'oignons verts
- 18 Oeuf
- 1 cuillère à soupe de poivre blanc fraîchement moulu
- 9 tasses de fromage suisse

- 1 tasse d'huile d'olive
- 1 cuillère à soupe de cannelle moulue

Les directions:

a) Mélanger l'eau, le lait, le sel et la noix de muscade dans une casserole, à feu modéré.

b) Réduire le feu très lentement, incorporer la semoule de maïs et continuer à remuer jusqu'à épaississement.

c) Retirer du feu et incorporer le beurre, le parmesan, le bacon, le persil, les oignons verts, les œufs et le poivre noir.

d) Bien mélanger et verser dans une plaque à pâtisserie, jusqu'à une épaisseur de $\frac{1}{4}$ de pouce.

e) Couper en rondelles de 2 pouces avec un emporte-pièce.

f) Retirer les rondelles sur une plaque à pâtisserie beurrée et garnir chaque rondelle avec 1 cuillère à soupe de fromage suisse râpé.

g) Arroser légèrement d'huile d'olive.

h) Cuire au four à 350 degrés jusqu'à ce qu'ils soient croustillants et dorés.

i) Garnir de cannelle moulue et servir chaud.

83. Gnocchis de panais Garbanzo

Rendement : 4 portions

Ingrédients

- 1¼ cuillère à soupe d'huile d'olive
- 2 tasses de panais hachés grossièrement
- ¾ tasse d'oignons finement coupés en dés
- 1 cuillère à soupe d'ail haché
- ½ tasse de farine Garbanzo
- ¼ tasse de farine de gluten
- 2 cuillères à café de levure de noix
- 1 cuillère à café de sel
- ¼ cuillère à café de poivre blanc
- Huile d'arachide; pour la friture

Les directions:

a) Légumes sautésstables dans l'huile jusqu'à ce que les oignons soient translucides et que les panais soient tendres.

b) Traiter jusqu'à l'obtention d'une pâte lisse. Ajouter tous les ingrédients restants sauf l'huile d'arachide et mélanger jusqu'à ce qu'ils soient bien mélangés. Chauffer l'huile dans une poêle profonde de 3 "à 375. Remplissez le bol d'une cuillère à soupe de pâte et utilisez une deuxième cuillère pour la verser dans l'huile.

c) Cela peut aider à huiler la cuillère, mais je n'ai eu aucun problème. N'en faites pas frire plus de quatre à la fois, car ils sont cuits en moins d'une minute et si vous les laissez plus longtemps, ils brûleront et la teneur en graisse montera en flèche.

d) Égoutter et servir.

84. Gnocchi alla giordano

Rendement : 8 portions

Ingrédients

- 2 livres de pommes de terre au four
- 1 tasse de farine tout usage
- 1 Oeuf entier plus
- 1 jaune d'oeuf, légèrement battu ensemble
- 2 cuillères à soupe de beurre non salé, ramolli
- 1 cuillère à café de sel
- Fromage parmesan fraîchement râpé
- Sauce tomate

Les directions:

a) Faites bouillir les pommes de terre dans leur enveloppe, égouttez-les, épluchez-les et passez-les au presse-purée ou au moulin à légumes. Pendant que les pommes de terre sont encore chaudes, incorporer la farine, ajouter l'œuf, le jaune d'œuf, le beurre et le sel.

b) Placer le mélange de pommes de terre sur une planche farinée et pétrir légèrement; la pâte sera molle. Rouler la pâte en bâtonnets de 1" d'épaisseur et d'environ 10" de long.

c) Coupez chaque rouleau en morceaux de $\frac{3}{4}$". Frottez légèrement chaque morceau de pâte sur le côté grossier d'une râpe à fromage. Dans une grande casserole d'eau bouillante salée, faites cuire les gnocchis jusqu'à ce qu'ils montent à la surface de l'eau.

d) À l'aide d'une écumoire, retirer les gnocchis dans un bol chaud. Saupoudrer de parmesan, napper de sauce tomate et servir aussitôt.

85.   Gnocchis de semoule

Rendement : 4 portions

Ingrédients

- $3\frac{1}{2}$ tasse de lait
- $\frac{3}{4}$ tasse de semoule fine
- $\frac{1}{2}$ tasse de beurre
- 6 cuillères à soupe de parmesan
- 2 jaunes d'œufs
- Le sel
- Poivre
- Pincée de muscade moulue
- Chapelure

Les directions:

a) Celles-ci sont parfois considérées comme une spécialité romaine, mais en fait elles sont consommées dans toute l'Italie.

b) Faire chauffer le lait avec une pincée de sel, et lorsqu'il bout ajouter progressivement la semoule en remuant tout le temps avec une cuillère en bois pour éviter les grumeaux.

c) Poursuivre la cuisson, en remuant, pendant 20 minutes. Retirer du feu et ajouter 2 cuillères à soupe de beurre en petits morceaux. puis incorporer progressivement 2 cuillères à soupe de parmesan, le jaune d'œuf, un à la fois, une pincée de poivre et de muscade. Huiler 1 ou 2 grands plats ou une plaque de cuisine en marbre propre et verser le mélange de semoule dessus. Étaler à $\frac{1}{2}$ pouce d'épaisseur à l'aide d'une spatule humide froide et laisser refroidir.

d) Préchauffer le four à 350 degrés F (175 degrés C). Faire fondre les 6 cuillères à soupe de beurre restantes; utilisez un peu de beurre pour graisser la cocotte que vous voulez faire cuire et y servir les gnocchis.

e) Découpez des carrés de cercles de pâte à semoule et placez-les dans un plat beurré. Arroser de beurre et saupoudrer de parmesan, ajouter une seconde couche de gnocchis, etc.

f) Saupoudrer la chapelure sur les gnocchis et cuire environ 20 minutes ou jusqu'à ce qu'ils soient dorés.

86. Pointes de flèches de gnocchis de maïs bleus

Rendement : 6 portions

Ingrédients

- 2 pommes de terre Russet moyennes
- 8 pintes d'eau
- 5 onces de fromage de chèvre blanc doux
- 3 onces de piments guajillo rouges séchés
- ½ tasse de graines de citrouille séchées
- 4 œufs
- 1½ tasse de farine tout usage
- 1½ tasse de semoule de maïs bleu
- 2 cuillères à soupe de sel
- ½ cuillère à café de sel
- ½ cuillère à café de poivre blanc
- 5½ tasse d'eau

Les directions:

a) Pour faire les gnocchis, épluchez et faites bouillir les pommes de terre dans 2 litres d'eau jusqu'à ce qu'elles soient tendres et bien cuites.

b) Dans un robot culinaire, mélanger les pommes de terre et le fromage de chèvre et mélanger jusqu'à ce qu'il n'y ait plus de grumeaux, environ 2 minutes. Ajouter les œufs et mélanger encore une minute. Le mélange doit ressembler à du mastic.

c) Mélanger la farine et la semoule de maïs bleu ensemble. Verser le mélange de pommes de terre dans un bol et ajouter 2 tasses du mélange farine-semoule de maïs. Bien mélanger pour former la pâte.

d) Saupoudrez une planche à découper en bois avec la moitié du mélange farine-semoule de maïs restant et placez la pâte dessus. Aplatissez-le et saupoudrez-le du reste de farine et de semoule de maïs.

e) Pétrir la farine et la semoule de maïs dans la pâte jusqu'à ce qu'elle devienne ferme. La pâte est prête lorsqu'elle ne colle plus à la planche. Si le mélange est encore mou, humide et collant, ajouter un peu plus de farine.

f) Avec vos mains, façonner la pâte sur une planche en un long rouleau de 2 pouces de diamètre. Avec un couteau couper la pâte en tranches de 1 cm d'épaisseur. Fariner une autre planche et rouler chaque morceau de 1 pouce en une fine bande d'environ $\frac{1}{2}$ pouce de large et 16 pouces de long.

g) Aplatir les bandes, avec vos mains à environ 1 pouce de large, et couper la pâte avec un couteau en pointes de flèches, ou toute autre forme que vous désirez. Mettre de côté.

h) Pour préparer la sauce chili Guajillo, mettez les piments, les graines de citrouille, le sel et le poivre dans un robot culinaire et mixez pendant 1 minute. Ajouter l'eau, en petites quantités, jusqu'à ce qu'elle soit complètement mélangée, environ 4 minutes.

i) Passer le mélange au tamis fin et jeter la pulpe.

j) Dans une casserole, chauffer le mélange de chili à feu moyen-élevé pendant 4 minutes, jusqu'à ce qu'il commence à bouillir. Réduire le feu et laisser mijoter 15 minutes, jusqu'à épaississement.

k) Pendant que la sauce mijote, cuire les gnocchis. Dans une grande casserole, porter à ébullition 6 litres d'eau avec le sel. Ajouter les gnocchis et cuire 2 à 3 minutes en remuant doucement pour éviter qu'ils ne collent. Au début, les gnocchi couleront au fond; pendant la cuisson, ils commenceront à conserver leur forme et à flotter à la surface.

l) Une fois les gnocchis bien gonflés, retirez-les de l'eau bouillante à l'aide d'une écumoire.

m) Verser $\frac{1}{2}$ tasse de sauce dans chaque assiette, garnir de gnocchis et servir immédiatement.

87. Gnocchis à la sauce tomate cerise

Rendement : 1 portions

Ingrédients

- 2 cuillères à soupe d'huile d'olive
- 2 gousses d'ail ; émincé
- 300 grammes de tomates cerises; couper en deux
- Paquet de 400 grammes de gnocchis frais
- Sel et poivre noir fraîchement moulu
- 1 grand pot de basilic frais ; feuilles déchirées
- Fromage parmesan fraîchement râpé;

Les directions:

a) Faire chauffer l'huile dans une grande poêle, ajouter l'ail et cuire 1 minute.

b) Ajouter les tomates et cuire lentement pendant 8 à 10 minutes.

c) Portez à ébullition une grande casserole d'eau salée et faites cuire les gnocchis en suivant les instructions du paquet.

d) Assaisonner les tomates et incorporer la moitié des feuilles de basilic déchirées.

e) Transférer les gnocchis égouttés dans une assiette de service et napper de sauce tomate. Parsemer du reste de basilic et servir avec du parmesan râpé.

88.   Gnocchi aux tomates fraîches et olives

Rendement : 1 portions

Ingrédients

- 1 livre de tomates italiennes fraîches
- 6 cuillères à soupe d'huile d'olive extra vierge
- 2 gousses d'ail, tranchées finement
- ½ tasse d'olives vertes
- ¼ Mozzarella fraîchement fumée
- 1 livre de gnocchis
- 2 cuillères à soupe de feuilles de marjolaine fraîche
- Sel et poivre au goût

Les directions:

a) Porter 6 litres d'eau à ébullition dans une grande marmite à spaghettis et ajouter 2 cuillères à soupe de sel.

b) Retirer les extrémités des tomates et couper les tomates en cubes de ¼ de pouce, en réservant tous les jus. Dans une sauteuse de 12 à 14 pouces, chauffer l'huile d'olive jusqu'à ce qu'elle fume.

c) Ajouter l'ail et cuire 30 secondes jusqu'à ce qu'il soit brun clair. Ajouter les tomates et le jus et cuire 2 minutes. Ajouter les olives et retirer du feu.

d) Couper la mozzarella fumée en cubes de ¼ de pouce et réserver. Plonger les gnocchis dans l'eau bouillante et cuire jusqu'à ce qu'ils flottent (environ 3 minutes). Égouttez les gnocchis dans une passoire et versez-les délicatement dans la poêle avec le mélange de tomates.

e) Remettre sur le feu et remuer délicatement jusqu'à ébullition. Ajouter la mozzarella, les feuilles de marjolaine et assaisonner de sel et de poivre. Verser dans un plat de service chauffé et servir immédiatement.

89.   Gnocchis au pesto d'herbes

Rendement : 1 portions

Ingrédients

- 6 litres d'eau salée
- Gnocchi
- $\frac{1}{2}$ tasse de bouillon de poulet ou d'eau de cuisson réservée pour les gnocchis
- 3 cuillères à soupe de beurre non salé
- 1 tasse de haricots verts
- 6 cuillères à soupe de pesto aux herbes
- Sel et poivre
- $\frac{1}{2}$ tasse de fromage Parmigiano-Reggiano fraîchement râpé

Les directions:

a) Porter à ébullition l'eau salée puis ajouter les gnocchis. Cuire les gnocchis en remuant doucement jusqu'à ce qu'ils soient tendres, environ 1 minute après qu'ils aient remonté à la surface de la casserole.

b) Pendant ce temps, dans une grande poêle profonde, porter le bouillon et le beurre à ébullition à feu moyen. Ajouter les haricots et le pesto et assaisonner avec du sel et du poivre au goût. Porter à ébullition et retirer du feu.

c) Retirer les gnocchis de l'eau et les ajouter à la poêle. Faire chauffer jusqu'à ce qu'il soit enrobé de sauce. Retirer du feu et incorporer le fromage. Sers immédiatement.

90. Gnocchis au ragoût de champignons et herbes

Rendement : 3 portions

Ingrédients

- 2 grosses pommes de terre au four
- 2 oeufs
- 1 tasse de farine; ou moins
- 1 sel; goûter
- 1 poivre blanc fraîchement moulu; goûter
- 1 cuillère à soupe de beurre
- 1 tasse de champignons shiitake tranchés
- 1 tasse de concassé de tomates
- 1 (pelées; tomates épépinées et coupées en dés
- 1 cuillère à soupe de basilic haché
- 1 cuillère à soupe de persil haché
- 1 cuillère à soupe de ciboulette hachée
- 1 fromage parmesan; Pour la garniture

Les directions:

a) Préchauffer le four à 375 degrés. À l'aide d'une fourchette, piquer les pommes de terre partout; cuire jusqu'à tendreté, 45 minutes à 1 heure. Pendant qu'elles sont encore chaudes, couper les pommes de terre ouvertes et vider la pulpe dans un bol à mélanger.

b) En battant vigoureusement avec une cuillère en bois, ajoutez les œufs, puis ajoutez suffisamment de farine, un peu à la fois, pour faire une pâte serrée mais malléable, suffisamment flexible pour sortir d'une poche à douille. Assaisonner au goût avec du sel et du poivre. Transférer la pâte dans une poche à douille munie d'une douille de $\frac{3}{4}$ de pouce et former de longs cylindres sur une plaque à biscuits tapissée de papier ciré. Refroidir jusqu'à consistance ferme. Couper chaque cylindre en morceaux de 1 pouce.

c) Farinez légèrement le plan de travail et roulez les morceaux, un à la fois, sur les dents d'une fourchette ou sur un goujon à gnocchi. Porter à ébullition une grande casserole d'eau salée. Faites chauffer une sauteuse à feu doux, ajoutez le beurre, puis les champignons. Après 1 minute ajouter les tomates.

d) Remuer et cuire 2 minutes. Pendant ce temps, faites bouillir les gnocchis en testant fréquemment la cuisson.

e) À l'aide d'une grande écumoire ou d'une araignée, déposer les gnocchis dans la poêle et mélanger avec le mélange de champignons et les herbes; assaisonner au goût avec du sel et du poivre.

f) Servir dans des bols peu profonds réchauffés, garnis de fromage fraîchement râpé.

91. Gnocchis à la sauge, beurre et parmesan

Rendement : 2 portions

Ingrédients

- 10 onces de pommes de terre
- 3½ onces de farine ordinaire ; tamisé, plus un
- 1 œuf large; légèrement battu
- Sel et poivre noir fraîchement moulu
- 2 onces de beurre
- 1 grosse gousse d'ail; pelé et broyé
- 8 feuilles de sauge fraîche
- 3 cuillères à soupe de parmesan fraîchement râpé

Les directions:

a) Placer les pommes de terre, avec leur peau, dans une casserole de taille appropriée, couvrir presque d'eau bouillante, ajouter un peu de sel, puis mettre un couvercle et laisser mijoter pendant 20 à 25 minutes, jusqu'à ce qu'elles soient tendres.

b) 2 Bien égoutter et, en les tenant à la main avec un torchon, éplucher rapidement les peaux à l'aide d'un éplucheur à pommes de terre. Ensuite, placez les pommes de terre dans un grand bol et, à l'aide d'un fouet électrique à main à vitesse lente, commencez à casser les pommes de terre, puis augmentez la vitesse et fouettez progressivement jusqu'à consistance lisse et mousseuse. Laissez-les maintenant refroidir.

c) Ajouter la farine tamisée aux pommes de terre, ainsi que la moitié de l'œuf battu, assaisonner légèrement et, à l'aide d'une fourchette, mélanger le mélange.

d) À l'aide de vos mains, pétrissez légèrement le mélange pour obtenir une pâte molle - vous devrez peut-être ajouter une cuillère à café ou plus d'œuf s'il est un peu sec. Maintenant, transférez le mélange sur une surface légèrement farinée, farinez vos mains et divisez-le en quartiers.

e) Roulez maintenant chaque quartier en forme de boudin d'environ 1"/2,5 cm de diamètre, puis coupez-le, en diagonale, en morceaux de 1"/2,5 cm, en les plaçant sur un plateau ou une assiette au fur et à mesure qu'ils sont coupés. Couvrir avec un film alimentaire et réfrigérer pendant au moins 30 minutes, plus longtemps n'aura pas d'importance.

f) À l'aide d'une fourchette avec les dents tournées vers le haut, appuyez la fourchette sur un côté de chaque gnocchi afin qu'elle laisse une rangée de crêtes sur chacun d'eux. En même temps, adoucissez-les en forme de croissant.

g) Les arêtes sont là pour absorber la sauce. Couvrir et réfrigérer à nouveau les gnocchis jusqu'à ce que vous soyez prêt à les faire cuire.

h) Pour cuire les gnocchis : Tout d'abord, faites mijoter une grande casserole peu profonde d'environ 6 pintes/$3\frac{1}{2}$ litres d'eau et placez le plat de service dans un four bas pour le réchauffer.

i) Plonger ensuite les gnocchis dans l'eau et cuire environ 3 minutes ; ils commenceront à flotter à la surface après environ 2 minutes, mais il leur en faut 3 en tout. Lorsqu'ils sont prêts, retirer les gnocchis à l'aide d'une cuillère à égoutter et les transférer dans un plat de service chaud.

j) Pour servir, faire fondre le beurre avec l'ail à feu doux jusqu'à ce que l'ail devienne noisette - environ 1 minute.

k) Ajoutez ensuite les feuilles de sauge et laissez le beurre mousser pendant que les feuilles de sauge deviennent croustillantes - environ 30 secondes - puis versez le mélange de beurre sur les gnocchis chauds. Saupoudrez la moitié du parmesan et servez le reste à part.

92. Gnocchis verts à la caduta di formaggio

Rendement : 4 portions

Ingrédients

- 4 onces de Gorgonzola
- 2 onces de beurre
- Grappa 1 once
- 1 portion de gnocchis verts
- $\frac{1}{2}$ tasse d'asiago râpé
- $\frac{1}{4}$ tasse de ciboulette hachée

Les directions:

a) Porter 6 litres d'eau à ébullition et ajouter 2 cuillères à soupe de sel.

b) Dans une sauteuse de 12 à 14 pouces, écraser le gorgonzola et le beurre jusqu'à consistance lisse. Ajouter la grappa et laisser mijoter 4 minutes.

c) Placer les gnocchis dans l'eau et cuire à feu doux jusqu'à ce qu'ils flottent. Bien égoutter et jeter dans la poêle.

d) Mélanger à feu moyen, ajouter l'Asiago et la ciboulette, verser dans un bol réchauffé et servir.

SPAGHETTI

93. Spaghettis à la courge

Portions : 4

Ingrédients

- 1 courge spaghetti moyenne
- sel et poivre
- 1/2 C. de parmesan râpé
- 1/4-1/2 C. de beurre

Les directions:

a) Avant de faire quoi que ce soit, préchauffez le four à 350 F.
b) Utilisez un couteau bien aiguisé ou une fourchette pour percer la courge plusieurs fois. Placez-le dans une plaque à pâtisserie.
c) Placer la poêle de courge au four et laisser cuire 65 min jusqu'à ce qu'elle devienne tendre.
d) Une fois le temps écoulé, sortez la courge du four et laissez-la refroidir quelques minutes.
e) Coupez-le en deux puis jetez les graines. Utilisez une fourchette pour gratter la pulpe de courge.

f) Munissez-vous d'un saladier : mélangez-y les spaghettis de courge avec le beurre, le fromage, une pincée de sel et de poivre.
g) Garnir les spaghettis d'origan frais puis servir.
h) Profitez.

94.   Spaghetti Caprese

Portions : 1

Ingrédients

- 1 C. tomate fraîche, coupée en dés
- sel,
- 1 cuillère à soupe d'oignon, émincé
- 1 pincée de poivre
- 1 cuillère à soupe d'huile d'olive, divisée
- 125 grammes. spaghetti
- 1/2 cuillères à café de sucre
- 1 cuillère à soupe de basilic frais, haché

Les directions:

a) Préparez les pâtes en suivant les instructions sur le paquet.
b) Placer une grande casserole à feu moyen. Faites-y chauffer 1/2 cuillère à soupe d'huile. Y faire revenir l'oignon pendant 2 minutes.
c) Baisser le feu puis incorporer les tomates, le sucre, le poivre et le sel. Laissez-les cuire 6 minutes.
d) Incorporer le basilic avec 1/2 cuillères à soupe d'huile à la sauce. Mélangez-les

bien. Éteignez le feu et laissez reposer quelques minutes.
e) Verser la sauce sur les spaghettis puis servir chaud.
f) Profitez.

95. Spaghetti à la mijoteuse

Portions : 6

Ingrédients

- 1 lb de boeuf haché
- 1 1/2 cuillères à café d'assaisonnement italien
- 2 cuillères à soupe d'oignon émincé instantané
- 125 grammes. champignons
- 1 cuillères à café de sel
- 3 c. de jus de tomate
- 1/2 cuillères à café d'ail en poudre
- 125 grammes. spaghettis, cassés en morceaux
- 8 onces. sauce tomate

Les directions:

a) Placer une mijoteuse à feu moyen. Y faire cuire le bœuf pendant 6 minutes.
b) Incorporer l'oignon avec la sauce tomate, les champignons, le jus de tomate, l'assaisonnement italien, la poudre d'ail et le sel.

c) Mettez le couvercle et laissez cuire 7 h à feu doux.
d) Une fois le temps écoulé, ajouter les pâtes. Mettez le couvercle et laissez cuire 60 min à feu vif.
e) Profitez.

96.   Spaghettis à la carbonara

Portions : 4

Ingrédients

- 12 onces. spaghetti
- 3 oeufs
- 1 cuillère à soupe d'huile d'olive
- 1 1/4 C. de crème épaisse
- 1 oignon, haché
- 2 oz. parmesan
- 125 grammes. Bacon, coupé en dés
- sel et poivre
- 1 gousse d'ail, hachée

Les directions:

a) Préparez les pâtes en suivant les instructions sur le paquet.
b) Placer une casserole à feu moyen. Faites-y chauffer l'huile. Y faire cuire le lard avec l'oignon pendant 6
c) minutes.
d) Ajoutez l'ail et faites-les cuire 1 minute.
e) Munissez-vous d'un saladier : Battez-y les œufs avec la crème, une pincée de sel et de poivre.

f) Ajoutez-les au mélange d'oignons et de bacon. Remuez bien et laissez cuire 3 à 5 minutes à feu doux.
g) Ajouter les pâtes à la sauce et remuer pour enrober.
h) Rectifiez l'assaisonnement des pâtes puis servez-les tièdes.
i) Profitez.

97. Spaghettis Chinois

Portions : 6

Ingrédients

- 8 onces. spaghettis, non cuits
- 1 cuillères à soupe d'huile de colza
- 1 cuillères à soupe de fécule de maïs
- 2 C. pois gourmands frais
- 4 cuillères à soupe de sauce soja à teneur réduite en sodium,
- 2 C. carottes, râpées
- divisé
- 3 oignons verts, hachés
- 2 cuillères à soupe d'huile de sésame, divisée
- 3/8 cuillères à café de gingembre moulu, haché
- 1 lb de poitrine de poulet désossée et sans peau,
- 1/2 cuillères à café de flocons de piment rouge broyés
- couper en morceaux
- 2 cuillères à soupe de vinaigre blanc
- 1 cuillères à soupe de sucre

Les directions:

a) Préparez les pâtes en suivant les instructions sur le paquet.
b) Procurez-vous un bol à mélanger : mélangez-y la fécule de maïs et 1 cuillère à soupe de sauce soja. Incorporer 1 cuillère à soupe d'huile de sésame pour faire la marinade.
c) Placez le poulet dans un sac à fermeture éclair. Versez dessus la sauce à l'huile de sésame. Appuyez sur le sac pour le sceller et secouez-le pour l'enrober.
d) Mettez-le de côté et laissez-le absorber les saveurs pendant 12 minutes.
e) Procurez-vous un bol à mélanger : mélangez-y le vinaigre, le sucre, le reste de la sauce soja et l'huile de sésame pour faire la sauce.
f) Placer une grande casserole à feu moyen. Faites-y chauffer l'huile de canola. Ajouter le poulet mariné et cuire 7 à 10 min jusqu'à ce qu'il soit cuit.
g) Égouttez le poulet et mettez-le de côté. Ajouter les carottes avec les petits pois puis les cuire 6 minutes.

h) Incorporer les oignons verts, le gingembre et les flocons de piment. Laissez-les cuire 6 à 7 min jusqu'à ce qu'ils soient cuits à votre goût.
i) Incorporer le poulet cuit avec la sauce au vinaigre et les spaghettis. Faites-les cuire 2 minutes. Servez votre sauté de poulet et de spaghetti chaud. Profitez.

98. Poêlée de saucisses de pâtes

Portions : 4

Ingrédients

- 1/2 lb de bœuf haché maigre
- 2 côtes de céleri, tranchées
- 1/4 lb de saucisses italiennes en vrac
- 125 grammes. spaghettis non cuits, cassés en deux
- 2 boîtes (8 oz) de sauce tomate sans sel ajouté
- 1/4 cuillères à café d'origan séché
- 1 (14 1/2 oz.) boîtes de tomates étuvées
- sel et poivre
- 1 C d'eau
- 1 boîte (4 oz.) de tiges et de morceaux de champignons,
- drainé

Les directions:

a) Placer une casserole à feu moyen. Y faire revenir le saucisson au bœuf pendant 8 minutes. Jetez le gras.
b) Incorporer le reste des ingrédients. Faites-les cuire jusqu'à ce qu'ils

commencent à bouillir. Mettez le couvercle et laissez cuire 15 à 17 minutes.
c) Servez votre moule à pâtes chaud. Décorez-le avec quelques herbes ciselées.

99. Spaghettis à l'ail de Gilroy

Portions : 2

Ingrédients

- 8 onces. spaghetti
- poivre noir fraîchement moulu
- 1 œuf cru
- flocons de piment rouge
- 5 à 8 gousses d'ail, pelées et pressées
- morceaux de bacon végétarien
- 4 cuillères à soupe de beurre
- parmesan
- 1/4-1/3 C. de parmesan râpé
- poivre noir
- 1 cuillères à café de feuilles de basilic doux séchées
- 1/4 C. persil haché

Les directions:

a) Préparez les pâtes en suivant les instructions sur l'emballage jusqu'à ce qu'elles deviennent dente.

b) Procurez-vous un mixeur : mélangez-y l'œuf, l'ail, le beurre, le parmesan râpé et le basilic séché. Mélangez-les en

douceur pour faire la sauce 3. Obtenez un bol de service : mélangez-y les pâtes avec la sauce à l'ail.
c) Rectifier l'assaisonnement si la sauce à spaghetti. Servez-le avec du pain à l'ail.
d) Profitez.

100. Poêle à spaghetti rapide

Portions : 4

Ingrédients

- 1 lb de dinde hachée
- 1/2 cuillères à café de flocons de piment rouge
- 2 gousses d'ail, hachées
- 8 onces. spaghettis non cuits, cassés en trois
- 1 petit poivron vert, haché
- parmesan
- 1 petit oignon, haché
- 2 C. d'eau
- 1 (28 oz.) pots de spaghettis de style traditionnel
- sauce

Les directions:

a) Placer une grande casserole à feu moyen. Y faire cuire la dinde avec l'ail, l'oignon et le poivron vert pendant 8 minutes.
b) Ajouter l'eau avec les flocons de piment fort, la sauce à spaghetti, une pincée de sel et de poivre.

c) Faites-les cuire jusqu'à ce qu'ils commencent à bouillir. Ajouter les spaghettis dans la casserole.
d) Porter à ébullition pendant 14 à 16 min ou jusqu'à ce que les pâtes soient cuites.
e) Procurez-vous un bol mélangeur :
f) Profitez.

CONCLUSION

Les pâtes se présentent sous de nombreuses formes, formes et tailles différentes. Il ne s'agit pas simplement de créer la pâte à pâtes. C'est aussi ce que vous avez l'intention d'en faire une fois que vous l'avez fait. Par exemple, la chose la plus simple à faire avec une pâte à pâtes est de la rouler puis de la couper en longues bandes de type Linguine. Il s'agit de la fabrication de pâtes dans sa forme la plus basique et c'est souvent le premier choix pour les débutants en pâtes. Cependant, il y a beaucoup plus à faire et ce livre vous montrera ce que vous pourriez faire d'autre avec votre pâte fraîchement préparée.

www.ingramcontent.com/pod-product-compliance
Lightning Source LLC
Chambersburg PA
CBHW071804080526
44589CB00012B/672